編者　無影居士

佛教秘傳 전생록

明文堂

佛敎秘傳 (전생록) 목차

子生 (자생)
- 甲子生 (갑자생) ································· 一
- 丙子生 (병자생) ································· 三
- 戊子生 (무자생) ································· 六
- 庚子生 (경자생) ································· 八
- 壬子生 (임자생) ································· 十

丑生 (축생)
- 癸丑生 (계축생) ································· 三
- 辛丑生 (신축생) ································· 六
- 己丑生 (기축생) ································· 九
- 丁丑生 (정축생) ································· 二一
- 乙丑生 (을축생) ································· 二四

寅生 (인생)
- 丙寅生 (병인생) ································· 二六
- 戊寅生 (무인생) ································· 二九
- 庚寅生 (경인생) ································· 三二
- 壬寅生 (임인생) ································· 三五
- 甲寅生 (갑인생) ································· 三七

卯生 (묘생)
- 丁卯生 (정묘생) ································· 四〇
- 己卯生 (기묘생) ································· 四二
- 辛卯生 (신묘생) ································· 四五
- 癸卯生 (계묘생) ································· 四八
- 乙卯生 (을묘생) ································· 五〇

辰生 (진생)
- 戊辰生 (무진생) ································· 五三
- 庚辰生 (경진생) ································· 五五
- 壬辰生 (임진생) ································· 五八
- 甲辰生 (갑진생) ································· 六〇
- 丙辰生 (병진생) ································· 六三

巳生 (사생)
- 己巳生 (기사생) ································· 六六
- 辛巳生 (신사생) ································· 六九
- 癸巳生 (계사생) ································· 七一
- 乙巳生 (을사생) ································· 七四
- 丁巳生 (정사생) ································· 七七

午生 (오생)
- 庚午生 (경오생) ································· 七九
- 壬午生 (임오생) ································· 八二
- 甲午生 (갑오생) ································· 八四
- 丙午生 (병오생) ································· 八七

戊午生(무오생) …………………………… 八九
未生(미생)
丁未生(정미생) …………………………… 九二
乙未生(을미생) …………………………… 九五
癸未生(계미생) …………………………… 九七
辛未生(신미생) …………………………… 九九
己未生(기미생) …………………………… 一〇二
申生(신생)
庚申生(경신생) …………………………… 一〇五
戊申生(무신생) …………………………… 一〇七
丙申生(병신생) …………………………… 一〇九
甲申生(갑신생) …………………………… 一一〇
壬申生(임신생) …………………………… 一一五
酉生(유생)
癸酉生(계유생) …………………………… 一一九
辛酉生(신유생) …………………………… 一二三
己酉生(기유생) …………………………… 一二四
丁酉生(정유생) …………………………… 一二六
乙酉生(을유생) …………………………… 一二九
戌生(술생)
甲戌生(갑술생) …………………………… 一三一

丙戌生(병술생) …………………………… 一三三
戊戌生(무술생) …………………………… 一三六
庚戌生(경술생) …………………………… 一三八
壬戌生(임술생) …………………………… 一四一
亥生(해생)
乙亥生(을해생) …………………………… 一四三
丁亥生(정해생) …………………………… 一四五
己亥生(기해생) …………………………… 一五二
辛亥生(신해생) …………………………… 一五五
癸亥生(계해생) …………………………… 一五八
生時로보는法(생시로보는법) …………… 一六〇
日의病方合獲待作法(일병방수종이작법) … 一七九
初喪方位法(초상방위법) ………………… 一八六
入棺法(입관법) …………………………… 一八八
命終不見法(명종인불견법) ……………… 一八八
命終人大道還生法(명종인육도환생법) … 一八九

甲子生(갑자생)

佛敎秘傳 (전생록)

갑자년에 난 사람은 전생에 옥황상제의 신하로써 부해용왕으로 부지국을 다스리고 잇을때 마음이 방탕하여 선녀를 희롱한 죄로 상제에게 벌을 받아 열두 신하가 같이 인간에 태어났다

● 전생에 빗은 초만 드천관이오 금강경을 十九권이며 제三고 원(元) 조관에게 도을 바치며 제四, 五관대왕 검수지옥에 속하였다

● 성품은 웅감하고 쾌활하다 그러나 사물에 격동하기 쉬워 금시에 노했다가 금시에 풀어지며 다정한 편이다 친우도 많으나 마음이 고르지 못하여 후할때

는 한없이 우하고 이색할때는 한없이 인색하다 남을 의심하는 성질이 있어 해를 보는 수도 있다 얼굴빛은 희지않고 몸도 크지않으며 둥글편이다
● 부모세업은 있다 하여도 지키기 어렵고 자수성가할 것이다 추풍에 낙엽과 같아 다시 봄을 기다리는 격이라 일생을 두고 성패가 많으니 사람은 선고후부할 팔자이다 의식은 풍족할 것이다 부모를 일찍여의고 타향에 가서 살아야 좋으리라 관록이 몸에 따르므로 귀인이 될수도 있다
● 자궁은 삼사형제를 두되 도화살이 침범하여 부이별수가 두렵도다 부엌에 액이 있으니 조심하라

丙子生(병자생)

여자는 재주가 있으나 빈궁곤고 할것이며 비명횡액이 두려우니 염산수도를 하던지 불전에 공을 많이 들이면 길하도다 조상에 근심이 많으니 시주를 많이 하고 선업을 닦아야한다 처는 남방사람이 불길하고 서북방이 길하다 화각살이 들었으니 불조심 할것이며 그렇지 않으면 가화를 면치못하리라

◉이 사람의 집 좌향은 해좌 사향 임자병향 진소문(亥坐巳向소坐丙向辰巽門)이 대길하며 평생 남방은 불길하다 인년(寅)에 삼재가 들어 진년(辰)에 삼재가 나간다 수명은 八十一 장수하리라

병자년에 난 사람은 전생의 옥황상제의 제자로써

북해용왕을 거리고 북지국을 다스리며 선인을 희롱하다가 상제에게 득죄하고 인간에 태어났다 전생 빚은 七만五천관이며 금강경은 구수권이오 제九고왕(土) 조관에게 바치며 제고염라대왕 독사지옥에 속하였도다

● 성품은 조급하여 적은일에는 인색하면서도 큰일에는 용단력이 있는 편이다 경솔한편도 있어 매사에 잘덤비는 성격이다 시비곡직을 잘 가리면서도 마음이 곧로지못하다 남을 신용하지 아니하다가 실패를 보는 수가 많다

● 부모씨업은 적고 자수성가 할것이며 일생에 성패가 많은 사람이다 추풍낙엽이 봄을 다시 기다림과 같다

초중년에는 고생을 하다가 말년이 되면 넉넉하리라 고향보다 타향이 좋으며 관록이 몸에 따라 귀인이 될 수도 있다

● 자궁은 二 三형제나 모두 귀인이 되리라 그러나 도화살이 침범하여 부부 이별수가 있으니 미리 예방하라 여자는 곤고와 횡액수가 있으니 조심하라 의식은 구족하나 자궁이 말썽이로다 일찍 문학을 닦으면 국록을 먹을것이요 그렇지 않으면 객지 타향에 풍상을 겪어야 살게 될것이다 가사시주 의복시주를 많이하라

● 이 사람의 집 좌향은 갑좌경향 묘좌유향 임계문(甲坐庚向卯坐酉向壬癸門) 이 대길하고 평생남방은 불리하고 인

戊子生(무자생)

(寅)년에 삼재가 들어 진(辰)년에 나가며 수명은 七十八세 가정명이다

무자년에 난 사람은 전생에 옥황상제의 제자로써 북해용왕을 거느리고 있으면서 선녀를 희롱한 죄로 상제에게 벌을 받고 인간에 떨어났도다 전생에 빚은 十만三천관이요 금강경은 구七권이며 제三고 윤(閏)조관에게 바치며 제二초강대왕 화탕지옥에 속하였다

● 성품은 쾌활하고 인자하며 고상한 편이다 시비곡직을 잘 가린다 마음이 곧지 못하여 인색할때는 한없이 인색하고 후할때는 한없이 후하다 큰일을 당하여도 걱정없이 잘 진행하며 처리한다 의혹심이 많어 남을

신용하지 아니하다가 도리어 실패를 보는수도 있다

● 부모세업은 있다고 하여도 없는것과 같으며 일찍 부모를 여이고 타향생활을 하여야 평생의식이 풍족하고 자수성가 할것이다 일찍 학문을 닦아 초년등과 하면 식록이 우여하겠으나 그렇지 않으면 초년에 고통을 겪은후에 식록이 풍만하리라 여자는 고고와 횡액이 두렵우니 가사시주를 많이 하고 입산수도하면 액을 면하리라 자궁은 三四형제로써 모두 귀인이 될것이다 그러나 부모와 이별수가 있어 좋지못하도다 몸에 화각살이 들었으니 불을 조심하라

● 이사람의 집 좌향은 신좌을향 신좌인향 자혜문(乐

庚子生 (경자생)

좌(乙向申坐寅向子亥門)이 대길하고 평생남방이 불길하며 인(寅)년에 삼재가 들어 사(巳)년에 나가며 수명은 七十五세까지다

경자년에 난 사람은 전생에 옥황상께의 제자로써 제석천궁 선녀로 있다가 상제에게 죄를 짓고 이몸을 받아났다 전생빛은 十만관이요 금강경은 三十五권이며 제九고이(李)조관에게 바치며 제七변성 대왕 발설지옥에 속하였다

● 성품은 쾌활하고 어질고 순직하며 남을 잘 달래는 수단이 있다 항상 고상한 마음을 가지나 마음이 골지 못하여 인색할때는 한없이 인색하고 후할때는 한없이

후하다 대사를 당하여도 잘 처리하나 의혹심이 많아서 남을 신용치 아니하다가 도리어 실패하는 수가 많다 춘풍에 버들같이 마음이 골으지 못한것이 허물이로다

○부모세업은 있다고하여도 지키기 어렵고 일찍 슬하를 떠나 따로사는 것이 좋으리라 학업을 닦으면 좋고 의식은 걱정이 없겠으나 선빈 후부할것이다 三十, 四十세에 신액이 있으니 조심하라 남자는 부귀영화할것이나 여자는 빈궁고하고 행액이 두렵도다 엄산수도 하면 좋으리라 도화살이 침범하여 부부궁에 항상 고민하며 남자는 재취할것이오 여자는 화류생활을 하

壬子生(임자생)

기쉬우리라 결혼에는 남방이 불길하고 서북방이 좋으리라

● 자궁은 四,五형제이며 모두 남에게 귀염을 받으리라 항상 조상전에 봉제하고 천도를 하여주라 그리고 불경책을 많이 써서 남에게 전하라 이 공덕으로 모든 액을 소멸하고 부귀할것이다

● 이 사람의 집 좌향은 해좌사향 계좌정향 건우문(亥 巳向 癸坐丁向 乾酉門)이 대길하며 평생 남방이 불길하며 인(寅)년에 삼자가 들어 진(辰)년에 나가며 수명은 누 八세가 정명이다

임자년에 난 사람은 전생에 옥황상제의 제자로써 북

해의 용왕으로 있다가 선녀를 희롱한 죄로 상께에게 벌을 받고 선관 천인이 함께 이 세상에 태어났다 전생빛은 八만관이요 금강경은 二十七권이며 제그고 맹(盲)조관에게 바치고 제九도시대왕 철상지옥에 속하였다

●성품은 쾌활하고 인자하며 후한 사람으로 매사에 용단력이 있으며 자기보다 남의 일을 더 잘살피는 편이다 담대하기도 하고 두뇌가 명민하여 자비자선의 뜻도 깊다 윗사람을 공경하고 아랫사람을 사랑하여 군자다운 풍이 있다 그러나 마음이 고르지 못하여인색할때는 한없이 인색하고 후할때는 한없이 후하다 큰일을 잘 처리하는 힘이 있다 남을 믿지 않다가 자기

의 신용을 잃어버리는 수도 있다

○ 부모유산은 없는 것이나 다름없고 있다하여도 지키기 어려우며 고향은 불리하니 타향에 가서 살면 좋으리라 떠세전에 액이 있어 고통을 받으리라 남자는 부귀영화 할것이나 중이되여 입산수도 하면 더욱좋으리라 그렇지 못하면 불사을 많이하라

○ 자궁은 많으며 모두 귀인이 되여 동서남북에 들어저 살것이며 의식이 구족하나 부부지간에는 도화살이 들어 생리사별하고 가끔 구설수가 있을것이나 배필을 구하거든 남쪽을 불리하고 서북방이 길하도다 단명살이 비쳤으니 칠성기도를 많이하고 촛불을 많이

乙丑生(을축생)

● 이 사람의 집 좌향은 신좌인향 해좌사향 유제문(申坐寅向 亥坐巳向 酉癸門)이 대길하고 평생남방이 불길하며 인(寅)년에 삼재가 들어 진(辰)년에 나가며 수명은 七十九세까지 살리라

을축년에 난 사람은 전생에 두우성군인데 천상관으로 왕을때 상제전에 약그릇을 엎지른 죄로 여섯 관과 같이 인간에 태어났다

● 전생빚은 三十八만이오 금강경은 九十五권이며 제五고전 조관에게 바치며 제四, 五관 대왕 검수지옥에 속하였다

● 성품은 지극히 우순하고 정직하며 참을성이 많다 밖으로는 우순하나 내심으로 여러가지 배포가 숨어있다 때로는 불평과 탄식도 많으며 때로는 편벽된 성질을 부려 천공이 가석할때도 있다 의식이 풍족하지는 못하나 부지런하게 노력하는 덕으로 걱정을 면하고 살수도 있다 천상 귀인성이 동우면 대인이 될것이나 그렇지 않으면 신액이 많으리라 부모형제의 덕은 없고 자수성가 할것이다 타향이 고향보다 좋으며 신상에 액이 많도다 일시에 분주할것이며 비록 과거를 하여 노비권속을 거느리고 산다 하더라도 외부내빈이라 손재우이 항상 뒤를 따르므로 나를 해치는 자

가 많다 면상에 흉이 있으면 공명이 있으리라

◉ 자궁은 二三형제이나 一자 종신할것이며 三처를 건 리고 살아야할 팔자로다 이성에 마음이 흔들리며 색정으로 실패수가 있으니 조심하라 몸에 삼악기와 살기가 따르므로 매사에 참해가 많고 신병액이 많도다 불쌍한 사람을 구제하면 가히 화액을 면하고 복록이 장구할 것이오 그렇지 않으면 단명액을 면하지 못하리라 칠성기도를 많이하고 꺼선을 하라

◉ 이 사람의 집 좌향은 정좌계향 병좌임향 인갑문수 좌계향병좌소향인갑문(坐癸向丙坐巽向寅甲門)이 대길하며 평생동방이 불리하며 해(亥)년에 삼재가 들어 축(丑)년에 나가게 된다 이 사람

丁丑生(정축생)

의 수명은 팔세를 넘겨야 누세를 살것이다 정축년에 난 사람은 전생에 두우성군인데 천상선관으로 상제에게 득죄하고 여섯선관과 같이 인간에 태어났다 전생빚은 四만 三천관이며 금강경은 九八권이오 제 十五고 전(田)조관에게 바치며 제 고염라대왕 발설지옥에 속하였다

● 성품은 유순하고 정직하며 참을성이 많으나 고집이 있다 혁혁한 장부의 기상으로 대답한듯 하면서도 담소한 편이다 표면으로는 평온하지만 내부로는 고민이 많다 특히 인정이 있고 인내성이 많으고로 남의 도움을 받는다 입이 너무 무겁기 때문에 성공이 늦어질 수도 있

다 신을 지키고 의를 중하게 생각하여 정도를 지키면 길하리라 때로는 편벽된 성질을 부려 전공이 가석할 때도 없지않다

● 부모의 덕은 없고 자수성가하여 타향에 살 팔자이다 신상에 액이 많으며 내몸이 분주하여야 식록이 있고 복을 지키리라 손재액이 항상 몸에 따르므로 나를 해치는 사람이 많다 몸에 두살기가 있어 매사에 침해가 많으며 항상 마음이 답답하다 운무중에 일월과 같이 빛이 없도다 만약 천을 태성이 도와 대인을 만나면 일신이 분주하나 선경과 같고 만약 만나지 못하면 생이 우마와 같으리라 외부내빈이니 만약 액을 면하

고쳐하면 칠성기도를 많이 하라 열사람을 구하다가 한 사람을 못구하면 공이 감석하리라

● 자궁은 二, 三형제이나 하나와 같이 코에 병이 있고 부모와 별거하여야 한다 이성에 마음이 흔들리며 색정으로 실패수가 있으니 조심하라 항상 착한 마음으로 불쌍한 사람을 구제하여야 자손에 영화가 있으리라

● 이 사람의 집 좌향은 간 사좌해향 축미문(丑未門) 해향축문(亥向丑未門)이 대길하고 평생 동방이 불길하며 해(亥)년에 삼재가 들어 축(丑)년에 나가며 수명은 八十상수 할것이나 항상 적선을 많이 하여야 할것이다

己丑生 (기축생)

기축년에 난 사람은 전생에 두우성군이니 월궁선녀로 있다가 상제에게 벌을 받고 인간에 태어났다 전생 빚은 八만관이오 금강경은 二十五권이며 제三고최(崔) 조관에게 바치며 제二초 강대왕 화탕지옥에 속하였다

○성품은 유순하고 정직하다 비교적 재주가 있으며 굽히지 않는 성질이 있다 매사에 마음을 굳게 지키기 때문에 실패 보는 일이 적으나 우울하여 기를 피지 못하고 있다 때로는 참을성도 있으나 한번 노하면 잘 풀어지지 않는다 대담한 듯도 하나 실상은 담소한 편도 있다 인내성이 많으므로 실패는 자주없으나 시시로 편벽된 성질을 써서 전공이 가석케 되는 수도 있다

● 부모형제의 덕이 없고 타향에 가서 부지런히 노력한 덕으로 자수성가할 팔자다 평생 의식은 구족하겠으나 남녀간에 곤액이 많다 사주에 살이 범해 듯지 고통을 겪고난 다음에 이루어 진다 장차 길성이 비치어 부귀영화 할것이다 초,중년에는 풍상이 많으나 별로 태평하리라

● 자궁은 七,八형제이나 신상에 곤경이 많으며 소재운이 따라 해가 많으며 삼악귀가 따르므로 신병수가 있으니 몸에 흉이 생기면 이별수를 면하리라 부부간에 이별수도 있으니 관음기도를 많이하고 적선공덕을 많이 닦으면 뜻세에 횡액을 면하리라

辛丑生(신축생)

● 이 사람의 집 좌향은 사좌해향 간좌곤향 간진문(巳坐亥向艮坐坤向艮辰門)이 대길하며 평생동방이 불길하며 해(亥)년에 삼재가 들어 축(丑)년에 나가며 수명은 四十을 지나야 八十 상수 할것이다
신축년에 난 사람은 전생에 우두성군결에 있다가 상제에게 죄를 짓고 여덟선관과 같이 인간에 태어났도다 전생빚은 十만관이오 금강경을 두次권이며 제十六고 길(놈)조관에게 바치며 제七변 성대왕 독사지옥에 속하였도다

● 성품은 인자하고 우수하며 정직하고 참을성이 많으나 하번 성을 내면 잘 풀어지지 아니한다 대답한듯

도하나 사실상 담소하다 인내성이 많으고로 실패는 자주 없으나 때로 편벽된 성질을 써서 전공이 각석하는 수도 있다 남을 믿는 힘이 적고 의혹심이 심하여 하루도 유쾌한 마음이 적다

● 부모의 덕은 바라지도 말고 자수로서 성가할 팔자다 고향보다 타향이 좋으며 초분에 곤고하나 중분부터 의식이 구족할 것이다 재운이 있으나 손재수 이 몸에 딸(녀)이살키(二殺鬼) 가 있어 항상 일을 방해하여 실패수가 많도다 신상에 액이 있어 항상 분주하며 아무리 노력하여도 공이 적다 몸이나 면상에 흉이 있으면 업신양명 할 것이오 만약 입산수도하여

만인을 제도하면 대성인이 되리라 그렇지 않으면 독수공방 허송세월 할것이다 신고함을 탄식말아라 반드시 말문에는 경사가 있으리라

◉ 자궁은 드, 四형제이나 남아 한자식이 종신할것이다 처궁이 불길하여 드처를 거닐릴 팔자로다 항상 선한 마음으로 적덕하라 자기를 위하고 처자를 위하여 산신기도를 많이하라

◉ 이 사람의 집 좌향은 간좌곤향 미좌축향 진건문 (艮坐坤向未坐丑向辰乾門)이 대길하며 평생동방이 불길하며 해(亥)년에 삼재가 들어서 축(丑)년에 나가며 수명은 팔세를 넘겨야 수세가 장명이다

계축년에 난 사람은 전생에 두우성군으로 천상선관이었다가 상제의 약 그릇을 엎지른 죄로 벌을 받고 여섯 선관과 같이 이 세상에 태어났도다 전생빚은 ~만~천관이오 금강경은 十권이며 제 八고 습(習)조관에 바치며 제 九 도시대왕 철상지옥에 속하였다

● 성품은 유순하고 정직하며 인내력이 많도다 때로는 불평과 탄식을 하는 버릇이 있어 편벽된 성질을 부리다가 전공이 가석케 되는 수도 없지않다 또 성질이 강작하여 남에게 굴하지 않으며 용기가 많은 편이다 연구하고 고치는 버릇이 있어 잘못을 알면 즉시 곧다 한번 성이나면 잘 풀리지 아니한다

● 부모씨업은 없으며 형제지간에 정이 없고 덕이 없어 고향을 떠나 사방에 흩어져 살 팔자로다 초분에는 생을 하여도 중분부터 자수성가 할것이다 무슨일이던지 속히 이뤄지는 것이 아니라 부지런하므로 성공하리라 신상에 액이 있어 일시에는 분주할 것이다 만약 과거에 올라 권력과 재력이 있다 하여도 악귀가 항상 침범하여 매사에 침해가 많으며 신병액이 있으리라 면상이나 수족에 흉이 있으면 공명도 좋으나 흉이 없으면 불길하도다
● 자궁은 三四형제이나 종신할 자식은 하나밖에 없도다 자궁은 불리하여 양처를 거느릴 팔자로다

丙寅生(병인생)

처를 구하거던 동쪽 사람은 좋지 못하도다 입산수도 하면 더욱 좋으리라 아무리 골구각에 송대춘풍 하더라도 흉중에 근심은 항상 떠나지 않으리라 불전에 치성하고 남에게 적선하라 그렇지 않으면 복을 덜고 명을 감하리라

● 이 사람의 집 좌향은 건좌손향 유좌묘향 자계 문(乾坐巽向酉坐卯向子癸門) 이 대길하며 평생 동방이 불길하며 해(亥)년에 삼재가 들어서 축(丑)년에 나가며 수명은 八十 상수 할것이다

병인년에 난 사람은 전생에 인하성군인데 제석천왕의 신하로 있다가 욱의선관과 같이 동산에서 놀

다가 꽃을 꺾고 춤을 추고 놀았던 죄로 상제에게 득죄하고 인간에 태어났다

● 전생빚은 八만관이오 금강경은 二十六권이며 제十고마(馬)조관에게 바치며 제 염라대왕 발설지옥에 속하였다

● 성품은 지극히 경솔하고 덤비는 편이 많다 그러나 활발하고 강직하여 항상 남에게 지는 성질이 아니며 또 의협심이 많아 남을 도와주겠다고 생각하면 수화를 가리지 않는다 너무 자기를 돌아보지 않으므로 실패가 많으며 구변이 좋고 풍채가 좋아서 관덕과 식록이 있으며 위인이 공평하여 모든일에 두목이 될

수 있다

○ 부모의 덕은 있다고 하여도 지키기 어려우며 의식은 풍족하나 자신이 부주하여야 공명을 얻으리라 고향보다 타향에 가서 살면 가산이 풍성하리라 초년에는 좋으나 수, 두에 액이 있고 평전후에 신운이 불길하니 칠성기도를 많이 하여야 액을 면하리라 그렇지 않으면 양부모를 정하여야 될것이다 친부모보다 양부모의 덕이 많으며 자수성가 할팔자이다

○ 자궁은 四, 五 형제이나 살이 범하였으므로 황액이 많으리라 부부지간에 이별수가 있어 수차 험한 싸움이 있으리라 만약 자궁에 병액이 있거든 서쪽에 있는

戊寅生(무인생)

● 이 사람의 집 좌향은 갑자정향을 좌신향 손해문(甲坐庚向乙坐辛向巽亥門)이 좋으며 평생 북방이 불길하며 신(申)년에 삼재가 들어서 술(戌)년에 나가며 쉰다섯이 넘어야 칠십오세가 정명이다 무인년에 난 사람은 전생에 임하성구으로 제석천왕의 명을 받들어 육우선관과 청우리 세계에서 화초를 절단하고 옥경에 유희하다가 인간에 태어났다 전생빗은 초만관이며 금강경을 구권이며 제 십고곽(郭) 조관에게 바치며 제 조염리대왕 발설지옥에 속하였다

● 성품은 불같이 급하면서 곧 풀어지고 유순하며

정직한 편이다 정의를 세우며 곡직을 잘 살피며 거만한 편이 적고 남에게 굴하기를 싫어한다 또 의협심이 많아 남을 도웁고저 하면 수확을 가리지 않이한다 자기의 힘을 돌아보지 않으므로 실패 수가 많다 어변도 좋고 풍채도 좋으며 식복도 있다

● 부모의 덕은 없고 자수성가 할것이며 일시에 권성살이 들어서 관록을 얻으리라 초분을 지나고 중분에 들면 남을 밥을 남주고 차차 왕성할것이다 말년에는 삼공이 두렵지 않을 것이나 명세 전후에 신운이 매우 불길할것이니 불상을 조성하거나 불경을 많이 선포하여 남에게 권하면 좋으리라 그렇지

庚寅生 (경인생)

양(羊)면 골골을 면하지 못하리라

● 자궁은 남매간이오 부부간에 이별수가 있어 동서남북을 다 다녀도 마음불일곳이 없다 불전에 기도하고 치성하라 자식을 타인에게 양자를 주든지 양자로 이름을 지어주라

● 이 사람의 집 좌향은 오좌자향 미좌축향 간곤문 (午坐子向未坐丑向艮坤門)이 대길하며 평생 북방을 불길하다 신(申)년에 삼재가 들어서 술(戌)년에 나가며 수명은 七十一세까지 살것이다

경인년에 난 사람은 전생에 임하성군이라 제석천왕의 제자로서 화원에 유희하다가 꽃가지를 꺾은죄

로 인간에 태어났다 전생빛은 오만(천관)이오 금강경은 수사권이며 제十五고 모(耗)조관에 속하였다
강대왕 화탕지옥에 속하였다

● 성품은 남녀간 급하고 활발하며 강직한 성질이라 남에게 지기를 싫어하며 의협심이 많아서 남을도 우고 하면 물불을 가리지 아니한다 너무 자기의 힘을 돌아보지 않으므로 실패수도 없지않다 어변도 좋고 풍채도 좋으며 관록이 있으며 식복도 있는 사람 이다 귀인성이 있어 도우는 사람이 많다 그러나 사람은 일생이 한가하며 추풍이 화창한데 청사에 노는 봉황과 같은 팔자로다 그러나 심중에 고민이 많은

사람이다
● 부모님을 일찍 여이고 부모덕 없는 것을 한탄하며 부지런히 하여 자수성가 하리라 일신에 권성살이 들어 관록을 먹을것이며 사람이 공평하므로 매사에 두 목격으로 일을하나 동분서주 할것이다 팔자는 좋으 편이나 항상 마음이 불안하며 즐거움이 적도다 二十·三十에 신운이 좋지못하고 액이 있도다 조상이 자주현몽하리라 관무출입을 하게되면 四十을 넘어야 점차 왕기가 돌아와 뜻을 이루리라
● 자궁이 旺.고 형제이나 액살이 있어 고향을 이별하고 타향에 가서 살 팔자이다 처자궁을 의하여 칠

老寅生(임인생)

성기도를 많이하고 의복시주를 많이하라 그렇지않으면 양자갈 팔자이다 항상 착한 마음으로 양심껏 살아가야 할것이다

● 이 사람의 집 좌향은 해좌사향 자좌오향 묘유문(亥巳向子坐午向卯酉門)이 대길하고 평생북방이 불길하며 신(申)년에 삼재가 들어 술(戌)년에 나가며 수명은 구구을 넘겨야 七十五세까지 살것이다

임인년에 난 사람은 전생에 임하성군으로써 제석천왕의 육위선관으로 봉명시하 하다가 청유리세계에서 화초를 절단하고 득죄하여 인간에 태어났다 전생빚은 九만 大천관이오 금강경은 구권이며

제十三고 최(崔)조관에게 바치며 제六변성대왕 독사지옥에 속하였다

○성품이 급하고 총명하다 사람됨이 매사에 공평하며 남에게 종이 평을 받는다 담대하고 두뇌가 명민하여 자비자선의 뜻이 깊다 윗사람을 공경하고 아랫사람을 사랑하여 실로 군자다운 풍이 있다 항상 활발하고 강직하여 남에게 지기 싫어하는 사람이며 의협심이 많아서 남을 도와주고 관록도 물들을 가리지 아니한다 어떠면도 종고 관록도 식복이 많다 동무는 자가 없어도 빈고할 걱정은 없다 너무 자기의 힘을 돌아보지 않으므로 실패수가 가끔

있다 부모덕은 없고 양자를 가야 되며 일신에 권성이 비쳐서 관록을 먹고 의식이 구족하다 자신이 분하여야 공명을 얻어 기인이 될것이다 팔자는 종은 편이나 항상 마음이 우울할때가 많다 수, 주에 신운이 좋지 못하니 조상을 잘 천도하여 주면 종으리라 초년보다 말년을 넘어야 더욱 부귀하리라

● 자궁은 띠,요,형제이나 몸에 액살이 있어 횡액이 많으리라 부부궁이 불화하여 금슬이 좋지 못하한관계로 수차 험한 일이 생기며 일신이 불안하고 마음에 기쁜 일이 없도다 칠성기도를 많이하고 장등시주와 가사시주를 많이하라 적악을 아니하고 선심 적

甲寅生(갑인생)

● 이 사람의 집 좌향은 해좌사향 자좌오향 신건문(亥坐巳向子坐午向申乾門)이 대길하며 평생 북방이 불리하다 신(申)년에 삼재가 들어 술년에 나가며 수명은 고을 넘겨야 七十五세가 정명이다

갑인년에 난 사람은 전생에 임하성군으로 제석천왕의 육이선관으로 있다가 청유리세계에서 화초를 펴고 육경에 유희하다가 상세에게 벌을 받고 이 세상에 태어났도다 전생빚은 三만 三천관이오 금강경은 十二권이며 제十三고 두(杜)조관에게 바치며 째九

덕하면 천신이 도와 관록과 의식을 지킬것이오 그렇지 않으면 근근이 한에 일월이 무정하리라

도시대왕 철상지옥에 속하였다

● 성품은 비록 불과 같이 급하나 봄볕에 눈과 같이 곧 풀어진다 지극히 경솔한 편도 없지않다 그러나 활발하고 강한 편이다 남에게 지는 편이 아니며 언변이 좋고 풍채가 좋아 관덕과 식록이 있다 용감하고 정직하므로 남의 두목이 될 장부로다 다정한 편이라 친구도 많으며 의협심이 많아 남을 도우고저 하면 물불을 가리지 않는 성질이다

● 부모의 덕은 적고 자수성가 할것이며 관록도 먹고 의식도 구족하여 권세가 남보다 우수하여 귀인이 되겠으나 자신이 분주하여야 공명을 얻으리라

중년세에 액이 있고 또 전후에 신운이 불길하며 중분이후에 태평할것이다 말분에는 삼공이 부럽지 않으리라

● 자궁은 三, 七 형제이나 허실이 많은편이다 살이 있어 횡액이 많으리라 고향을 불리하니 타향에 가서 살아야할 팔자로다 취궁에 살이 있어 간간히 가환이 있으리라 여자는 일시 곤액이 있겠으나 늦게 남편의 덕을 보리라 항상 남편의 건세를 믿고 남을 해하지 말아라 그해가 나에게 돌아오리라 칠 성기도를 많이하고 장등시주를 많이하면 길하도다

● 이 사람의 집 좌향은, 병좌임향 오좌자향 간곤문

丁卯生 (정묘생)

(丙坐子向午坐子向艮坤門) 이 대길하며 평생 북방이 불길하며 신(申)년에 삼재가 들어 술(戌)년에 나가며 수명은 ㅁㄷ세를 넘겨야 누ㄷ세가 정명이다

정묘년에 난 사람은 전생에 옥토성구인데 우석궁에 살다가 천상옥경에서 도화를 꺾은 죄로 十二선관과 같이 인간세상에 태어났도다

● 전생빚은 그만 二천관이며 금강경은 九권이며 쩨二 고(許) 조관에게 바치며 쩨四, 쩨五관 대왕 겸수지옥에 속하였다

● 성품은 우수하고 너그러우며 장부의 기상이요 특히 인정이 옳고 신의를 지켜 인망이 많으나 색정을

탐하여 나태한 편이 많으며 매사에 유시무종함으로 실패수가 많도다 무슨 일이든지 인내력이 모자라며 결단력이 적고 변화를 취하며 사치를 탐하는 수도 있으며 지혜도 있으나 방탕하기 쉬운 성격이다

●부모의 덕은 전혀 없으며 일찍 부모를 여일 팔자로다 형제지간에도 정이 없어 각 지방에 흩어져 살것이라 초년 재물은 한강투석이오 초곤 후부할것이다 몸에 흉터가 있으며 악한 원귀가 항상 몸에 따르니 뜻대로 되는 일 적고 피로써 매사에 성공할수 있다 재주와 꾀가 많으나 뜻이 몸보다 크고 적은 것으로 큰것을

己卯生 (기묘생)

바꾸도다

● 자궁은 三, 四형제가 있으나 실패수가 많으며 몸에 도화살이 침범하여 부부 이별수가 있고 양방살이를 할것이라 후처에서 난 자식이 종신할것이다 선심으로 적선하고 산신기도와 의복시주를 많이하라

● 이 사람의 집 좌향은 인좌신향을 좌신향자계문 (寅坐申向乙坐辛向子癸門)이 대길하며 평생서방이 불길하며 사(巳)년에 삼재가 들어 미(未)년에 나가며 七十세를 넘기면 九十상수 할것이다

기묘년에 난 사람은 전생에 옥도성군이니 운석궁 사람으로 천상옥경에서 도화를 꺾은 죄로 十三선관

과 같이 인간세상에 태어났다 전생빗은 八만관이 오 금강경은 二구五권이며 제二치고 송(宋)조관에게 바치고 제二염라대왕 발설지옥에 속하였다 성품은 유순하면서 너그러우며 비교적 재주가 많어 좋으나 유시무종하므로 실패수가 있다 특히 여색을 탐하여 변변치 않은 일에도 질투와 언쟁을 잘 하며 남에게 시기하는 수가 많다 매사에 인내성이 없어 견디지 못하며 결단성이 적고 변화와 사치를 탐한다 대개 지혜도 옳으나 방탕하기 쉽다
◉부모의 정이 소홀하고 세업이 전무하며 자수성가 할 팔자로다 초년에는 풍상이 많고 가진재물은 한

강루석이다 일시에는 고궁하나 녀로하면 사방에 싣록을 거두어 안심 태평하게 살것이다 허욱을 브리고 여색을 죽심하라 선빈후부는 팔자니 처음고생을 이기지 못하면 뒷날의 영광을 알기 어려우리라

● 자궁은 三,四형제이나 실패수가 많고 후처의 일자가 종신하리라 몸에 약한 원긔가 따르므로 처자 이별수가 왔고 몸 좌편에 흉터가 있고 육종살이 있으니 조왕전에 치성하고 인간구제를 많이하라 또 산신기도를 자주하면 의외에 횡재하고 재물이 모이리라

● 이 사람의 집 좌향은 정좌계향 사좌해향 손갑문(乙坐癸向巳坐亥向巽甲門)이 대길하고 평생 서방이 불길하

辛卯生(신묘생)

며 사(巳)년에 삼재가 들어서 미(未)년에 나가며 수명은 八十九세까지 상수하리라

신묘년에 난 사람은 전생에 옥토성군으로 천사의 몸인데 인간에 해를 많이 끼친죄로 다시 인간에 태어났도다 전생빚은 八만관이오 금강경은 두자권이며 제 뽑고 장(張)조관에게 바치며 제二초강대왕 화탕지옥에 속하였다

● 성품은, 급하고 강하면서 오래가지 아니하며 또 부드러운 편이다 그러나 여색을 탐하여 게을리 편이 많아 매사에 우시무종함으로 실패수가 많다 인내력이 없는 골로 결단성이 적고 지구히 담소할 때도 있다 의혹

심이 많어 돌다리를 두두려보고 가는 성질이다 대개 지혜도 없지 않으나 방탕하기 쉽다 인물은 미남 미녀의 격이다

○부모의 세업은 전혀없고 자수성가 할것이며 초년재물은 한강투석이다 초년고생은 사서하라 중년재난아 가세가 편안하리라 三十五, 四十, 四九세에 병액과 관액이 있으니 조심하라 몸에 악한 원귀가 따르므로 항상 심정을 괴롭히고 재난을 일으킨다 몸에 흉이 있고 몸은 낮으며 천하고 뜻은 높고 크도다 조그마한것을 가지고 큰것을 이루려 명산에 기도하고 여섯가지 살을 풀어주어라 무슨일이던지 피로써

를 것이다 선비 후부는 타고난 팔자이다 자중은 형제지격이요 부부지간에 인정이 소홀하야 각각 들어져 살것이다 후취에서 얻은 자식이 종신할 자식이로다 그러니 적악은 하지말고 중은 일을 많이하라 그리고 만인을 도와주면 화란추성 하고 만화방창하리라 특히 가사시주를 많이하면 더욱 좋으리라

◉ 이사람의 집 좌향은 계좌정향 해좌사향 갑경문(癸 卯丁向亥卯巳向甲丁門)이 대길하며 평생서방이 불길 하다 사(巳)년에 삼재가 들어 미년에 나가며 수명은 七十세를 넘겨야 九十상수 할것이다

癸卯生 (계묘생)

계묘년에 난 사람은 전생에 옥토성군으로 운성궁에 살다가 천상옥경에서 도화를 꺾은 죄로 섭이선관과 같이 인간에 태어났다 전생빚은 １만２천관이오 금강경은 ８권이며 제주고왕(土) 조관에게 바치며 제고변성대왕 독사지옥에 속하였다

● 성품은 우순하고 급할때는 물불을 가리지 않는다 곧 풀어진다 재주가 있어 필로써 성가하며 면려심도 풍부하며 인내력이 있다 영구하고 고치는 버릇이 있어 잘못을 알면 곧 고치는 성질이다 남에게인 망을 받으나 여색을 탐하여 나태한 편이 많으며 매사에 우시무종하므로 실패수가 많다 번화와 사치를

취하는 사람이며 대개 지혜도 많으나 방탕하기 쉽다 자기 마음에 맞지 않으면 몸을 버려도 행하고마는 성질이다

● 일찍부모를 여의고 형제지간에 우애가 없어 사방에 흩어져 살 팔자로다 처음은 고생하나 중분을 지나야 태평하리라 부모세업은 바라지 말고 부지런히 하여야한다 초년 재물은 한강투석이다 수고뚜고 뿌친세에 액이 있으니 조심하라

● 자궁은 三、四형제이나 실패수가 있다 후처에 一자가 종신할 것이다 몸에 흉이 있을 것이다 별년에 조왕제를 지내고 칠성기도를 지녀라 그렇지않으면

乙卯生(을묘생)

● 이 사람의 집 좌향은 계좌정향 해좌사향 신계문(癸坐丁向 亥坐巳向 辛癸門) 이대길하고 평생 선방이 불리하며 사(巳)년에 삼재가 들어서 미(未)년에 나가며 수명은 누이 정명이다

을묘년에 난 사람은 전생에 옥도성궁으로 우선궁에 살던 선관으로 천상옥경에서 도화를 꺾은 죄로 인선관과 같이 이세상에 타어났다 전생빗은 八만관이요 금강경은 두六권이며 제十八고 유(柳)조관에게 몸에 딸르는 악한 원귀의 해를 면하지 못하리라 사주에 귀인성이 들었으니 고통을 면하고 가사가 태평하리라 별년에 치성하지 않으면 횡액이 갑옷을것이다

이사람의 집 좌향은 계좌정향 해좌사향 신계문(癸坐丁向 亥坐巳向 辛癸門) 이대길하고 평생 선방이 불리

바치며 제九도시대왕 철상지옥에 속하였다

● 성품은 비록 급하나 잘 풀어지며 유순하고 너그러우며 특히 인정이 있고 신의도 잘 지키는 사람이다 지혜와 재교가 많으나 매사에 유시무종 하므로 실패수가 많다 참고 견디지 못하며 결단심이 없고 번화와 사치를 구하며 여색을 좋아한다

● 부모의 세업은 전혀없으며 조실부모하고 형제지간에는 정이없어 사방에 흩어져 살아야할 팔자로다 초년재물은 한강둑석이다 초년에는 고생을 다소하나 중년부터 자수성가하여 차차 편안할것이다 몸에 흉터가 있다 지혜와 재교가 많으므로 피로서

성가하되 자신이 부주하여야 의식이 풍족하리라

● 자궁은, 四, 五형제이나 실패수가 많도다 여자원귀가 항상 몸에 따르고 부부이별수가 있어 화합을 방해하고 시기하되 선심으로 불전에 기도하고 장등시주를 많이하며 여자원귀를 잘 천도하여 주어야 육종살이 풀어지고 횡액을 면할것이다 그렇지 않으면 그게 패하리라

● 이 사람의 집 좌향은 해좌사향 사좌해향 갑을문 (亥坐巳向巳坐亥向甲乙門)이 대길하며 평생서방이 불길하며 사(巳)년에 삼재가 들어 미(未)년에 나가며 수명은 九十상수할것이다

戊辰生(무진생)

무진년에 난 사람은 전생에 용궁성궁으로 용왕국 사람인데 상제의 명을 받아 제석궁의 비(雨)를 얻어 가지고 十三국 초목을 양육하다가 화초밭 언덕을 무너뜨린 죄로 인간에 태어났도다

◉ 전생빗은 五만二천관이요 금강경은 十八권이며 제一고 풍(馮) 조관에게 바치고 제四고 대왕 경수지옥에 속하였다

◉ 성품은 강직하며 남에게 항복하기를 싫어하며 마음이 바다와 같아 능소능대하며 변화가 무궁하도다 매우 거칠기도 하여 산을 때가 많다 지혜가 많아 무일지섭이라 자기의 지혜를 믿고 남을 속이려 하

● 부모형제는 정이 없고 덕도 없다 초년에 등과하고 명지사해 하리라 초년에는 다소곤란하나 뿌씨를 지나면 세가지 길성이 들어 의식도 유족하리라 그러나 일시 곤액은 있으리라

● 자궁은 二, 三형제이며 처궁에 액이 있어 자구이사를 할것이오 구설수와 흉한 액이 종종 생길것이라 매사를 조심하여야 되다 일찍 학문을 전공하여 관문 출입을 하면 의식이 구족할 것이나 그렇지 않으면 봉황이 변하여 닭이 되는 격이라 몸에 남여 두원귀가 따르고 옹으므로 二, 三차 주병을 앓으리라 칠성기

庚辰生 (경진생)

● 이 사람의 집 좌향은 간좌곤향 오좌자향 고진문(艮坐坤向午坐子向坤辰門)이 대길하며 평생 남방이 불길하다 인(寅)년에 삼재가 들어 진(辰)년에 나가며 수명은 오십이세를 지나야 七十二세가 정명이다 경진년에 난 사람은 전생에 용궁성군이니 용왕국 사람으로 상제의 명을 받고 초목에 물을 주다가 산을 무너뜨린 죄로 이세상에 태어났다 전생빚은 五만七천관이오 금강경은 九千권이며 제 二十四 고유(劉) 조관에게 바치며 제 五염라대왕 발설지옥에 속하였다

● 성품은 우수하고 총명한 사람이다 용모와 풍채가 현양하여 호걸의 풍이 있고 안락할때는 한없이 안락하고 괴로울때는 한없이 괴로운 사람이다 대개는 거만한 풍도 있으며 완고한 풍도 있다 싸움에 분투하고 부지런하기도 하나 뒷생각을 하지 않음으로 실패하는 수도 많다 사람을 잘 달래고 꾀이는 수단도 있다 심중에는 항상 고통이 많으며 성격이 굳센편이다 아니될 일도 억지로 하는 수도 있다
● 부모형제는 더 없고 한때 풍상이 많으리라 대개 초년부터 말년까지 골을 겪으나 부귀영명하는 사람이다 부세를 넘겨야 길성이 도와 재앙이 물러

가고 쿄키 이 지나면 부귀영화가 날로 새로워지며 귀인이 도와 주리라 그러나 일시적 살액을 조심하라 일찍 학문을 닦으면 문장과 공명이 일품에 이르리라 만약 닦지 않으면 봉황이 닭으로 변함과 같으리라

◉ 자궁은 둘이나 자손신이라 공방살이 들었으니 부부 이별수가 두렵도다 선심으로 공덕을 닦고 장등시주를 많이 하여야 액을 면하리라

◉ 이 사람의 집 좌향은 미좌축향 간좌곤향 사곤문 (未坐丑向艮坐坤向巳坤門)이 대길하며 평생 남방을 하다 인(寅)년에 삼재가 들어서 진(辰)년에 나가며 쿄세를 넘겨야 츠세가 정명이다

소辰生 (임진생)

임진년에 난 사람은 전생에 용궁선녀로 있다가 상제에게 명을 받아 초목에 물을 주다가 산을 밟아 무너뜨린 죄로 인간에 태어났도다 전생빚은 四만 五천 관이오 금강경을 七권이며 제一고 조(趙)조 관에게 바치며 제二초강대왕 화탕지옥에 속하였다
● 성품은 담대하고 두뇌가 명민하여 바다와 같이 넓으며 능소능대하다 용모허양하고 흑결의 풍이 있고 자구자다운 풍이 있다 혹 성품이 거칠고 싸우며 지혜가 뛰어나 하나를 들으면 열 가지를 알기도 한다 그러나 안으할때는 하염없이 안락하고 괴로울때는 한없이 괴

로운 사람이다 대개는 거만한 풍이 있고 완고한 마음이 있어 사업에 부투도 하며 부지런하기도 하되 뒷생각을 잘 하지않음으로 실패를 많이한다 성품이 굴세여 아니되는 일도 억지로 하려 하는수가 없지않다 인간성이 좋음으로 의식걱정은 없는 사람이다

● 부모형제는 덕이없고 정이 적어 사방에 흩어져 살 것이며 초년에는 고생이 되어도 중년을 지나면 재백(財帛)이 우여하리라 나이 어려서 등과할것이나 일찍 학문을 닦지 않으면 봉황이 변하여 닭이 됨과 같으리라 평생에 죽을 고통을 두세번 지나야 될 것이다

● 자궁은 형제를 두되 종신할 자식은 하나뿐이로다

甲辰生(갑진생)

처궁에 액이 있어 자주 이사를 하여야 좋으리라 남에게 적악을 하지말고 마음을 착하게 하라 그렇지 않으면 이액을 면치 못하리라 몸이 아파 사경에 이르거든 불경을 외우 액을 면하라 불전에 자주치성하라 장등시주를 많이하여라

● 이 사람의 집좌향은 신좌을향 유좌묘향 미신문(未申門) 乙向酉坐卯向未辛門 이 대길하며 평생 남방이 불길하다 인(寅)년에 삼재가 들어 진(辰)년에 나가며 수명은 고으을 넘겨야 추구세까지 살리라

갑진년에 난 사람은 전생에 용궁성군이니 강남국 사람으로 상제의 명을 받아 초목에 물을 주다가 산을

무너뜨리 죄로 금생에 인간으로 태어났도다 전생빚은 二만 九천관이요 금강경이 구권이며 제九고등(藤)족관에게 바치며 제 스변성대왕 독사지옥에 속하였다

● 성품은 강직하고 바다와 같이 넓으며 능소능대하여 변화가 무궁하고 매우 사나울때도 있다 용감하고 정직하여 그 풍채가 늠늠하며 웅대한 편이다 무슨일이던지 격동을 잘하여 다정하고 담백하게 부리므로 친구도 많으나 무슨일이든지 급하게 서두르다 일생에 안온할때는 한없이 안온하고 괴로울때는 한없이 괴로운 사람이며 대개는 거만한 풍도 있고 와고 풍도 있으며 사업에 분투하며 부지런하기도 하

기도 뒷생각을 하지 않음으로 실패수가 많다 간혹 안될 줄 알면서도 억지로 하는 수도 있다 그러나 인내성이 있음으로 의식걱정은 없다

○부모형제는 정이 없어 사방에 흩어져 살것이요 재주가 있음으로 높은 벼슬을 할것이다 운수는 고상한 운수임으로 자연히 신용도 얻고 자기의 희망도 의하게 된다 그러나 축, 오, 미, 술년에 부부 이별수가 들어 공연히 집안이 부주하리라 선망 부모를 잘 천도하여 주면 액을 면하리라 덕은 있으나 항상 구설수가 따름으로 자주 이사를 할것이다 부지런히 모든 재산이 평생지킬것이니 부지런히 하고 남에게 적선

丙辰生 (병진생)

● 을 많이 하라

● 자궁은 형제를 둘것이나 一자가 종신할것이며 二자가 될것이다 자식을 의하여 불보살님을 많이 생각하고 절에 가서 그 수명을 빌어 주던지 이름을 정해주면 부귀영화하고 다자다손하리라

● 이 사람의 집 좌향은 사좌해향 오좌자향 인을문 (巳坐亥向 午坐子向 寅乙門) 이 대길하며 평생 남방이 불리하다 인(寅)년에 삼재가 들어서 진(辰)년에 나가며 수명은 六八세를 넘겨야 추八정명이다 병진년에 난 사람은 전생에 용궁성군으로 왕왕국 사람으로 상제의 명을 받아 초목에 물을 주다가 산

을 무너뜨린 죄로 상제에게 벌을 받고 인간에 태어 났도다 전생빚은 듣만 二천관이오 금강경은 七권이며 제 듣고고 가(價)조관에게 바치며 제九도시대왕 철상 지옥에 속하였다

⊙ 성품은 너그럽고 온순한 편이며 능소능대하여 변화 심이 많으며 지혜가 남에게 뛰어나 한가지를 들으면 열가지를 아는 사람이다 용모가 흠결의 품이 있다 일 생을 두고 안을 할때는 한없이 안을하고 괴로울때는 한없이 괴로운 사람이다 대개는 거만풍이 있고 왔고 한편도 있으며 사업에 부특 노력도 하나 뒷생각을 하 지 않으므로 실패할때가 있다

부모형제는 덕이 없고 정이 없으며 처자도 액이 많으니 역시 팔자로다 속에 등과하면 식록이 풍족할 것이나 일시 곤액이 없지 않으면 어려서 무학을 따지 않으면 봉황이 편하여 닭이 되는 격이라 뿌전에는 고고가 다시있으나 뿌후에는 재백이 지지하고 명지사방하며 평생 락이 무한하리라

⊙ 자궁은 형제를 두되 일자가 종신하리라 의식은 자족하되 더이 적고 구설과 시비수가 없지 않으며 평생에 흉한 일이 많으나 이것이 전생에 남을 많이 해친 까닭으로 흉한 원기가 딸으는 것이니 산목숨을 죽이지 말어라 칠성제와 용왕제를 자주 지내

己巳生 (기사생)

○ 이 사람의 집 좌향은 축좌미향 간좌곤향 병정문(丑坐未向艮坐坤向 丁門)이 대길하며 평생 남방이 불리하다 인(寅)년에 삼재가 들어서 진(辰)년에 나가며 수명은 추 구십구세가 정명이다

기사년에 난 사람은 전생에 문방성구으로 일월국 사람인데 수색방탕하여 천상선녀를 희롱하다가 인간에 태어났다

○ 전생빗은 七만 二천관이며 금강경은 二十四권이오 제 두고 조(曹)관에게 바치며 제 四, 五관 대왕 검수

고 이사하면 좋을 것이고 남에게 선심적덕하면 면액하리라 평생에 죽을 고통을 두어번 지내야 되리라

지옥에 속하였다

◉ 성품은 쾌락하며 지혜와 용맹이 있고 사상이 민첩하여 외교수단이 능통하다 그러나 굴하는 성질이 아니므로 변변치 않은 일에도 질투를 잘하며 투기심이 심하여 성패가 잦으리라 용모가 단정하므로 일찍 문학을 전공하면 뛰어난 인물이 될것이다

◉ 부모세업은 많으나 결국 자수성가 할 것이라 매사에 분별성이 있고 한가지 재주에 능통하며 감정이 꽂고 음성에 힘이 있다 직업은 종교나 예술이 좋고 인묘생과 인묘년은 대길하고 신유생과 해생과 해년은 용하다

◉ 자궁은 一남 一녀가 있으나 불수하여 효성이 없고 중

명,횡액과 관액이 두렵다 부부궁이 불화하여 처음 부인은 이별하기 쉽다 초년에는 풍파가 간간히 있고 중년부터 차츰 낭(리)라 고향을 떠나서 살면 이로우리라 일시 고생은 나의 팔자나 참고 견디면 귀인이 와서 도와 주리라 종교를 신앙하여 정신을 수양하면 일 이 길할 것이며 만이지상의 공명을 얻으리라 선심 으로 수도하고 장등시주를 많이하면 부부해로 하고 귀영화 할 것이다

● 이 사람의 집 좌향은 오좌자향 정좌계향 인갑문(午坐子向丁坐癸向寅甲門) 이 대길하다 동방은 평생갈 길하며 해년에 삼재가 들어서 축(丑)년에 나가며 수명

辛巳生 (신사생)

은 七三세가 정명이다

신사년에 난 사람은 전생에 문방성군이니 일월궁에 살다가 음주 탐녀한 죄로 인간에 태어났으니 전생 빚은 그만 七천관이오 금강경이 十九권이며 제 두수고 (高) 조관에게 바치며 제 조염라대왕 설지옥에 속하였다

●성품은 고상온후하며 지혜와 용맹이 겸비할 것이며 사상이 민첩하여 외교의 수단이 능난하다 동정심도 많고 또한 투기심도 많으므로 자주 성패가 많다 때로는 답소하여 돌다리를 두드려보고 건너가는 성을 가질때도 있다 남보기에는 대단히 좋으나 팔자인

것 같으나 외부녀비하다 고생끝에 성공하리라

● 부모에 덕은 없고 내가 항상 남을 도와 주어야 하며 고향을 떠나 이사를 자주하여야 성공하기 쉽다 만약 소년 등과 하고 오복이 구족하면 수명이 짧으리라 부모에 효성이 지극하고 심조가 굳어 남의 도움을 받으리라 뛰어 지나야 부귀할것이니라 직업은 종교나 예술이 좋고 인묘생(寅卯生)은 대길하고 신유자해생(申酉子亥生)과 신유자해년은 대흉하다

● 자궁은 드· 四 형제이나 부부에 이별수가 있으니 조심하라 만약 이사를 가거던 동방을 피하라 성질이 온수하고 착하나 참지 못하고 남을 잘 모함하고 성질

癸巳生(계사생)

을 부리면 불리하다 색정에 대해서 고민 갈등 원한에 걸려드는 수가 많이 있다 조심하라 불전에 기도를 많이 하고 불경을 많이 인쇄하여 남에게 보급하고 조석으로 독송하면 대길하도다

● 이 사람의 집 좌향은 간좌곤향 축좌미향 오미문(艮坐坤向 丑坐未向 午未門)이 대길하다 평생 동방이 불길하며 해(亥)년에 삼재가 들어서 축(丑)년에 나가며 수명은 七十二세가 정명이다

계사년에 난 사람은 전생에 무방성군으로 일월궁에 있으면서 선녀를 희롱한 죄로 상제에게 벌을 받아 인간에 태어났도다 전생 빚은 三만 九천관이요 금강

경은 十三권이며 제 五十고 배(褙)조관에게 바치며 제 二초 강대왕 화탕지옥에 속하였다

◉성품은 강직하고 남에게 굴하지 아니하며 지혜와 용맹이 겸비하여 있고 사상이 민첩하여 외교수단이 능난하다 명예심이 풍부하고 인내력이 있다 연구하고 고치는 버릇이 있어 잘못을 알면 즉시 곳친다 자기 마음에 맞지 않으면 몸을 버려도 행하고져 한다 동정심이 많으나 투기 질투심도 많으므로 성패가 자주 있다 역색을 좋아하는 편이다

◉부모의 덕은 많으나 결국 자수성가 할것이오 의식은 풍족하고 부귀영화 할 것이나 병액이 자주 침노하

니뼈오뿌를 가져라 일찍 문학을 닦이면 벼슬하고 공명을 얻으리라 이 사람의 팔자가 대단히 좋을 것 같으나 실상은 좋은 팔자는 아니로다 초년에는 간간히 풍파가 있고 중년의 운은 천신이 도와주므로 부귀할것이며 수복장원 하리라 직업은 종교나 예술이 좋다

● 자궁은 남 1녀 되 효심이 없고 항상 액이 따르도다 부부에 살이 있어 자주싸우며 독수공방 할때도 있지 않도다 고향은 불리하고 타향이 우리하다 인묘(寅卯)생과 인묘년은 대길하고 신유자해생(申酉子亥生)과 신유자해년은 불길하도다 불전에 기도를 많이 하고 지

乙巳生(을사생)

● 이 사람의 집 좌향은 묘좌유향을 피치못하리라 (卯坐酉向乙坐후向丁癸門) 이 대길하다 평생동방이 불길하며 해(亥)년에 삼재가 들어 축(丑)년에 나가며 수명은 七十二세가 정명이다

을사년에 난 사람은 전생에 무방성주이니 일월국 사람으로 음주를 많이하고 선녀를 희롱하다가 상제에게 득죄하고 인간에 태어났다 전생빚은 칠만 관이요 금강경은 二十권이며 제 二고 양(楊)조관에 바치며 제 大번성대왕 독사지옥에 속하였다

성으로 형벌을하라 그러지 않으면 수명을 면치못할것이며 부부이별하고 자혼함을 면치못하리라

● 성품은 극히 우수하면서 쾌락하고 지혜와 용맹이 겸비하였다 또 사상이 민첩하여 외교수단이 비범하다 남보기에는 부자인듯하나 안으로는 곤란이 많은 사람이다 동정심도 있으나 투기심이 심하므로 성패가 자주있다 불평도 많고 탄식도 많은 사람이다 여색을 탐하여 질투하는 성질이 있다

● 부모의 덕은 많으나 일신에 고생이 많을것이다 고향을 떠나지말고 고토를 지키고 살아야 한다 직업도 종교나 예술방면이 좋이며 인묘(寅卯)생과 인묘년은 길하고 신유자해년(申酉子亥年)과 신유자해생은 불길하도다 초년에는 다소 고액이 있겠으나 중년부을

지나면 의식이 우연하리라 소년에 등과하면 관록을 먹고 살것이라 부지런히 학문을 닦아야 입신양면할것이며 그렇지 않으면 남의 부림을 받으리라

● 자궁은 ᆢ남(녀)이나 불순하고 병고가 많아 항상 부모에게 고통을 많이 주리라 초처는 이별할 팔자이다 항상 남을 원망하지 말고 수도하며 선심으로 주를 많이하고 의복보시와 철성기도를 많이하여야 고액을 면하고 의식이 구족하리라

● 이 사람의 집 좌향은 갑좌경향 정좌계향 오정문(甲坐庚向丁坐癸向午丁門)이 대길하다 평생 동방이 불길하고 (해(亥)년에 삼재가 들어 축(표)년에 나가며

丁巳生 (정사년)

수명은 그十三세를 넘겨야 七十이 정명이다

정사년에 난 사람은 전생에 문방성군으로 일월궁에 있다가 선녀를 방롱한 죄로 상제에게 득죄하고 인간에 태어났다 전생빚은 七만관이요 금강경은 七三권이며 재十三고 정(程)조관에게 바치며 제九도시대왕 철상지옥에 속하였다

● 성품은 유순하고 착하며 장부의 기상이 있다 특히 인정이 있고 신의를 지키며 의를 중히 하는 사람이다 지혜와 용맹이 겸비하고 사상이 민첩하여 외교수단이 능하다 남을 도와주는 동정심이 있으나 투기심이 심하므로 성패가 잦았다 그러나 남이 싫

어하는 일은 절대로 하지않는 성질이다

● 부모의 유산은 다소 있으나 초년에 풍파가 간혹 있으며 소년에 문학을 닦으면 중한자리에 벼슬을 할것이다 모든 일에 능소능대하며 나를 항상 따르고 동료가 없지 않으나 고향은 불리하니 이사를 하면 길하리라 직업은 종교나 예술이 좋고 의복이 구족하리라

인묘(寅卯)생과 인묘년은 대길하고 신유자해(申酉子亥)생과 신유자해년은 대길하다

● 자궁은 표효제이나 효심이 없고 중병절고와 과액이 항상 두렵도다 정실처는 이별수가 많으니 조심하라 수명은 짧으나 선심으로 수도하고 백일기도를 자주하라

庚午生 (경오생)

그렇지 않으면 해가 되어 곤고를 면하지 못하리라

● 이 사람의 집 좌향은 오좌자향 묘좌우향 사갑문(午坐子向卯坐酉向巳甲門)이 대길하며 평생 동방이 불길하다 해(亥)년에 삼재가 들어서 축(丑)년에 나가며 수명은 七十三세가 정명이다

경오년에 난 사람은 전생에 인간성구으로 대원국 사람인데 상제에게 득죄하고 인간에 태어났다

● 전생방은 추만 二천관이오 금강경은 二권이며 뿌르고 진(陳)조관에게 바치며 제一진광대왕 도산지옥에 속하였다

● 성품은 깨끗하고 현철하며 용모가 단정하다 무슨

일이든지 혼자하는 일이 없고 잘 표현하는 성질이며 변화하고 사치하는 것을 좋아한다 사람을 잘 달래고 잘 꼬이는 수단이 있다 친절한 것 같으면서 박정한 편도 있다

●부모의 세업은 혹성 혹패하고 고대 광실에서 혹은 호식하고 있으나 일가친속은 인정이 없고 고독한 편이다 타향객지 이거하여야 하고 일신이 부주하여야 한다 초년에는 평평하고 중년에는 액이 많다 그러나 문필은 세상에 현달하고 공명은 꽃이 바람을 만난 격이라 역마가 사주에 들었으면 상공업이 좋고 그렇지 않으면 행상, 광산 운송업이 좋다 특히 움직이는 사

● 엽이 좋다

● 부부지수는 양방에 첫을 걸었도다 자궁이 남녀를 두나 상부 상처할 팔자로다 산신기도를 많이하고 의복시주를 많이하며 만인전선을 하여야 좋으리라 인(寅)년에는 자식에게 액이 있고 경(庚)년과 오(午)년은 불길하니 조심하고 산신기도를 하면 길하고 신(申)년 유(酉)년에는 동서남북에 출입하여도 해가없다 집에 들면 마음이 괴롭고 집을 나면 마음이 편안하도다 구세를 지나야 권세도 얻고 편안히 살리라

● 이 사람의 집 좌향은 축좌미향 간좌곤향 병정문(표 末向艮坐坤向丙丁門)이 대길하고 평생 북방이 불길하

숫午生(임오생)

임오년에 난 사람은 전생에 인간성군으로 대원국 사람인데 상제에게 죄를 짓고 이세상에 태어났도다 전생 빚은 七만관이요 금강경은 드므三건이며 제四판고공(孔)조관에게 바치며 제도송재대왕 한방지옥에 속하였다

○성품은 급하나 순수하고 청백하며 담대하고 두뇌가 명민하여 자비자선의 뜻이 깊고 윗사람을 공경하고 아랫사람을 사랑하여 굳자다운 풍이 있다 한발 장에도 남에게 지지않을려 하는 성질이며 자기속에 두는 일이 없고 모두 털어내어 강담하기를 좋아한다 번화와 사치를

추十五세를 넘기면 七十八세가 정명이다

면 신(申)년에 삼재가 들어 슐(戍)년에 나가며 수명은

취하며 남과 어울리기도 잘하며 또 떨어지기도 쉽다 지혜가 있어 외과에 능하고 친절하면서도 박정할 때도 있다

○부모세업은 없고 자수성가 할 것이며 부모형제 정이 없어 고독한 평상이다 만일생일이 길성이 들었으면 의식걱정은 없으리라 고향땅을 불길하니 타향살이가 평안하고 길하도다 인 오(寅)(午)년은 불길하나 산신기도를 많이하라 사업은 침착한 것이 좋고 거친사업은 좋지않도다

○자궁은 四.五형제이나 한 자식도 혹자 못자가 없다 치궁에 살이 있어 부부이별수가 있으리니 조자되 양자면 좋으리라 칠성기도와 산신기도를 많이하면 액을 면하고 자주 실패수가 있으리니 조심하라 초중년에는 신고하여

甲午生(갑오생)

도 오십이 넘으면 대길하리라

● 이 사람의 집 좌향은 인좌신향 갑좌경향 자계무(寅坐申向甲坐庚向子癸門)이 대길하며 평생 북방은 불길하다 신(申)년에 삼재가 들어 술(戌)년에 나가며 수명은 추오세를 지나야 육십팔세가 정명이다

갑오년에 난 사람은 전생에 인하성군으로 대원국 사람인데 대력장자로서 적악을 많이 하고 상제에게 벌을 받아 이세상에 태어났다 전생빚은 四만관이요 금강경은 七권이며 제二十六우(牛)조관에게 바치면 제十대 산대왕 좌마지옥에 속하였도다

● 성품은 용감하고 정직하며 용모가 단정하고 편철

하다 사물에 격동하기 쉽고 금시 노했다가 금시 풀어진다 다정하고 담박해 보임으로 친구도 많다 어느때는 급히 서두르는 때도 있으며 어느때는 고양이가 졸기를 다루는 것 같기도 하다 자기 망믐속에 두는 일이 없고 잘 드러 내며 변화와 사치를 좋아한다 그러기 때문에 불기도 쉽고 떨어지기도 쉽다

○부모 쎄 없음, 혹성 혹 편 라 부모 형제 정이 없었고 독신과 같다 촉문은 곤란하나 중부의 의석이 풍족하리라 운수가 고상하므로 자영히 신용도 얻고 자기의 희망도 여의하여 귀인과 친구도 많으리라 무팔을 세상에 떨치고 공명도 떨치리라 간혹 실패수가 있다 여마

성이 들었으니 고향보다 객지가 좋으며 백호살이 있어 몸에 흉터가 생기리라 집에 들면 마음이 괴롭고 집을 나가면 마음이 편안하다 만일 과록을 먹지 않으면 물 장사를 하면 이로우리라

● 자궁은 三형제격이나 한자식도 효자가 없다 부부이별수가 있어 양방에 갓을 걸리라 항상 마음을 바로 가지고 남에게 적악을 하지 말아라 남을 도와서 살면 장차 복록이 있으리라 불전에 기도하기를 게을리 하면 결인행각을 면치 못하리라

● 이 사람의 집 좌향은 뽀좌임향 갑좌경향 축고문 (丙坐壬向甲坐庚向丑坤門) 이 대길하며 평생부방이 불길

丙午生 (병오생)

하다 신(申)년에 삼재가 들어 술(戌)년에 나가며 수명은 추고 오세를 넘기면 七十五세가 정명이다 병오년에 난 사람은, 인하성군으로 대원국 사람인데 천태산 선녀로 있다가 상제에게 득죄하고 인간에 떨어졌다 전생벗은, 금만득천관이오 금강경 十권이며 제추고 소(蕭)조관에게 바치며 八평등대왕 추해 지옥에 속하였다

◉성품은, 어질고 몽무가 단정하다 자기의 속에 감추어 두는 일이 없고 잘 들어내는 성격이며 번화하고 사치하기를 좋아함으로 과재실도 능대하다 친절한듯도 하면서 실상은 박정하기도 하다 아무데나 잘 덤비기도 한다

● 부모세업은 혹성혹패하며 일가친족의 우애가 없으므로 고독하기 짝이 없다 의식은 우족하나 일신에 병액이 있어 고통이 있으리라 일신이 분주하게 타향객지에 자주 왕래하리라 학업을 닦으면 문필이 좋고 공명이 사해에 떨치리라 상주에 역마살이 들었으면 상공업이 제일 좋으리라 만약 관록을 먹지 못하거던 술장사를 하면 대성하리라 초,중년에는 다소 고통을 지난후에 의식이 우영할것이며 대창하리라 자수로 문은 재산은 자수로 실패할 때가 많으며 겁에 들면 괴롭고 밖에 나가면 활발하니 혹시 의약 행상도 좋으리라
● 자궁은 1남 1녀를 둘것이나 후처를 두게 되면 3,

戊午生(무오생)

형제를 얻으리라 너의의 금슬이 좋지못하여 양방에 갓을걸고 살아야할 팔자로다 남을 도와 적선적덕을 많이하고 치성을 많이하여야 분수재산 할것이고 그렇지않으면 단명수를 면치못하리라

◉ 이사람의 집좌향은 인좌신향 갑좌경향 해자문(寅卯申向甲坐庚向亥子門)이 대길하고 평생 북방이 불길하다 신(申)년에 삼재가 들어 술(戌)년에 나가며 수명은 七十五세가 정명이다

무오년에 난 사람은 전생에 인하성군으로 대원국에 있으면서 취파산 선녀를 희롱하다가 상제에게 득죄하고 인간에 태어났다 전생벗은 九만관이며 금강경

은 두권이며 제 두 九고 사(史)조관에게 바치며 제 十전 류대왕 흑암 지옥에 속하였다

● 성품은, 현철하고 용모가 준엄하며 심정이 맑고 공상하여 구름 가운데 학과 같도다 정의를 세우며 곡직을 잘 가려 취사하며 거만한 편이 적다 성질이 강하여 남에게 지기를 싫어한다 무슨 일이든지 자기 혼자 하는 일이 없고 모두 드러내어 감당하기를 좋아하며 번화한 것을 즐기고 사치함을 즐기는 사람이다 그러기 때문에 곤폐도 잘 한다 어떤때는 친절한 것도 같으면서 실로 박정할 때도 없지 않다

● 부모유상은, 옳으면서도 흑 성폭 피하며 친척이 정

없어 독신지격이다 고향은 불리하고 타향객지가 좋으니 수차 이거하리라 초중년에는 일신이 분주하며 액도 많고 곤고도 많으나 국이후에는 고대광실에서 호의호식할 것이다

● 자궁이 四·五형제이나 허실이다 소쳤다 해살이 뭄에 들었으니 내외의 금슬이 불길하며 양방에 갖을 것이다 처자에 액이 옳으니 十二·수三·수五·四十에 산신기돌를 많이하라 만약 관록을 먹지않으면 주류업이 제일이다 상공업도 좋이며 집에들면 마음이 괴롭고 집을 나서면 마음이 활발하도다 남을 의하여 좋은 일을 많이하고 불경소리 그치지 않아야 복록을 누리리라

辛未生(신미생)

● 이 사람의 집 좌향은 사좌해양 곤좌간향 축간문(已坐亥向坤坐艮向丑艮門)이 대길하며 평생 북방이 불길하며 신(申)년에 삼재가 들어 술(戌)년에 나가며 수명은 추 오세를 지나야 七八세가 정명이다

● 신미년에 난 사람은 전생에 곤장성군으로 서천국 사람인데 불전에 득죄하고 인간에 태어났도다 전생빚은 [만 三천관 이오 금강경은 五二권 이며 제 五九고상(常) 조]에게 바치고 제일 진광대왕 도산지옥에 속하였다

● 성품은 비록 급하나 곧 풀어지며 항상 큰 계획을 품고 있는 것이 모두 이루어지며 어렵다 걱정 근심이 갑속에 그치지 아니하며 남에게 한다고 하나 구조하

는 사람과 뜨뜻을 받는 사람이 적다 일상생활에 너무 생각이 많아 도리어 실패하는 수도 있다 혹 자기일 보다 남의 일을 더 잘 보는 성질이다

● 부모세업은 없고 있다 하여도 지키지 못하여 육친이 무덕하니 강산을 돌아다녀야 하고 고향보다 타향이 좋다 일신양역의 팔자로다 역마성이 들었으니 일신이 사방에 분주하여야 의식이 풍족하도다 일신에 병액이 없고 연구가 항상 따르고 있으므로 매사에 방해가 많도다 학업을 부지런히 닦으면 공명을 얻으리라 직업은 상공업이 매길하다

● 자궁은 二, 三형제이나 자종신이라 남녀간에 이별

수가 였으니 기도 방액하라 신·유·사(申酉巳)생을 배필로 정하면 대길하도다 성품이 급함으로 매사에 조심하지 않으면 해가 많도다 선심으로 수도하고 사람을 가려 벗을 삼어야 하느니라 한번 실수는 화액이라 뜻세를 지나야 일신이 분주한 덕으로 의식이 유여하다 죽을 고통을 두세번이나 지나야 할것이니 짜악을 하지말고 의복 시주를 많이 하여라

●이 사람의 집 좌향은, 간좌곤향 곤좌간향 사오문(民坐坤向坤坐艮向巳午門)이 대길하며 평생 서쪽이를 길하다 사(巳)년에 삼재가 들어 미(未)년에 나가며 주세를 지나야 八十세가 정명이다

癸未生(계미생)

계미년에 난 사람은, 전생에 서천국 사람인데 월궁선녀로 있다가 불전에 심신이 모자라서 다시 애망은 인간에 태어났도다 전생빚은 금관으로 금강경은 十七권이며 제 四十九주(朱) 조관에게 바치며 제三 송재대왕 한방지옥에 속하였다

● 성품은 매우 급하나 뒤가 수하며 마음이 강직하여 남에게 잘 굴하지 않으며 용기가 많도다 명예심이 풍부하며 인내력이 있고 연구하고 고치는 버릇이 있다 잘못을 알면 즉시 고치다 자기 마음에 맞지 않으면 몸을 버려도 행하고자 한다 무슨 일이든지 큰 뜻을 품으며 걱정은 심이 항상 내속에 그치지 아니한다 나는

남에게 하고자하나 내뜻을 받아드리는 사람이 적다 항상 너무 생각이 많아 도리어 실패하는 수가 있다 부모의 재산은 없고 다소 있다고 하여도 지키지 못한다 고향을 떠나 동서남북을 다녀야 식록이 있고 간혹 실패가 있다고 하여도 자수성가 할것이다 직업은 상업이 좋으며 신․사․우(申巳酉)생을 배필로 삼으면 대길하며 항상 고집을 버려야 하고 뜻이 넘어서야 의식이 구족하리라

● 자궁은 초년 형제이나 자종신이나 부부의 액살이 있어 간혹 이별수가 있으니 철성기도를 많이 하고 장등 시주를 많이 하여 도액하면 대길하리라 그렇지않

乙未生(을미생)

● 이 사람의 집 좌향은 건좌곤향우좌모향자계문(巽坐坤向酉坐卯向子癸門)이 좋으며 평생 서방이 불길하다

사(巳)년에 삼재가 들어 미(未)년에 나가며 수명은 六十을 넘겨야 八十상수 할것이다

을미년에 난 사람은 전생에 서천국 사람으로 불전에 득죄하고 인간에 태어났도다 전생빛은 四만관이오 금강경은 十三권이며 제五十고황(皇) 조관에게 바치며 제七태산대왕 최마지옥에 속하였다

● 성품은 비록 급한편이나 곧 풀어지며 지극히 온순하여 도리어 넘치는 수가 많다 자기일보다 남의 일을

더 잘 보아주는 성격이 있다 혹 겉으로는 우수한것같으나 마음속에는 세상에서 모를 불평과 탄식도 많으나 걱정은 섬이 항상 마음속에 가득하며 그치지 아니한다 나는 남을 구조하기도 하나 남이 나의 구조를 받지아니한다 일상에 너무 생각이 많아 도리어 실패하는 수도 있다

○ 부모세업은 있다고 하여도 오래 지키지 못하고 가가 빈하다 역마성이 들어 사방에 눕주하여야 자수성가 할것이다 자주 실패수가 있으니 조심하라 평생 사업은 상공업을 하리라 벗을 잘가려 사귈것이며 화액을 조심하라 뿌九의 액을 면하기 어려우

丁未生(정미생)

나 항상 남을 도와주며 명산대천을 찾아가 자주 기도하고 부지런히 수도하면 모은 재물을 지키고 살것이다
◉ 자궁은 二三형제이나 一자 종신도 어려우리라 부부에 살이 있으니 살을 풀고 항상 선심으로 적덕하지 않으면 부부이별하고 곤액을 면하기 어려우며 죽은뒤에 제사도 얻어먹지 못하리라
◉ 이사람의 집좌향은, 사좌해향 정좌계향 곤간문(巳坐亥向丁坐癸向坤艮門) 이 대길하며 평생서방이 불길하다 사(巳)년에 삼재가 들어 미(未)년에 나가며 수명은 추을 넘겨야 八十상수 할것이다
정미년에 난 사람, 전생에 서천국 사람으로 보화국

에 살면서 득죄하고 금생에 태어났다 전생 빚은 九만 一천관이오 금강경은 二두九권이며 제 六十二고 주(朱)조관에게 바치며 제八평등대왕 추해지옥에 속하였다

◦ 성품은 불과 같이 급하나 곧 풀어지며 순하고 착한 편이다 항상 큰 계획을 세우고 있으나 이루어지는 일이 적다 걱정,심이 많아서 떠나지 않으며 남에게 정성을 다 하건만 내뜻을 알아 주는이가 적다 자기일보다 남의 일을 더 잘 살펴봐주는 성질이다 그러나 특히 인정이 있고 신(信)을 지키며 군자의 풍도 있다 의를 중하게 하고 정도를 지키면 길하다

一〇〇

◉ 부모세업은 잇다고 하여도 지키지 못하며 사방을 분주히 다녀야할 팔자이며 직업은 상공업이 뎍결하다 二十七·二十八·二十九세를 무사히 넘겨야 일신이분주한 덕으로 의식이 풍족하게 살것이다 친구들을 조심하여 사귀고 불을 조심하라 재주가 훌륭하므로 가는곳마다 봄을 이루리라 매세를 넘겨야 모든 일이 뜻대로 잘되고 부귀하리라

◉ 자궁은 형제이나 일자종신 할것이다 부부이별수가 잇어 서로 헤어저서 살아야할 팔자이니 한탄하지말고 칠성기도를 많이하고 불전치성을 많이하라 그렇지않으면 횡액을 면하지못하리라 매팔을

己未生(기미생)

● 이 사람의 집 좌향은 축좌미향 고좌가향 사병문(丑坐未向坤坐艮向巳丙門)이 대길하고 평생서방이 불길하다 사(巳)년에 삼재가 들어 미(未)년에 나가며 수명은 추을 넘겨야 八十상수 할것이다

구하거든 신유사(申酉巳)생을 택하라

기미년에 난 사람은 전생에 서천국 사람으로 불전에 득죄하고 이세상에 태어났다 전생빚은 四만 三천관이오 금강경은 十五권이다 제 五十五 고변(下)조관에게 바치며 제 十전륜대왕 흑암지옥에 속하였다

● 성품은 불과 같이 급하나 곧 풀어진다 항상 큰 계획을 품고 있으나 모두 이루어지는 일이 적다

걱정과 근심이 머속에 그치지 아니하며 나는 남에게 하고져 하나 버뜻을 받는 사람이 적다 일상 너무 생각하는 일이 많아서 도리어 실패를 보는 수가 있다 남의 일을 더 잘 보는 수도 있다 비교적 지혜와 재주가 있어 발명하는 마음이 있고 불둘불둘하는 성질이 있다

⦿부모유산은 없고 있다 하여도 지키기 어렵도다 역마성이 들었음으로 사방으로 부주하여야 의식이 구족할 것이다 자수성가하여 잘지내기는 하나 실수가 있으니 조심하라 부지런히 학업을 닦으면 공명을 얻을 것이나 그렇지 않으면 사업으로 성공하리

◉자궁은 二, 三형제이나 일자종신 할것이다 남녀간에 부부이별수가 있으니 신, 사, 유(申巳酉)생을 배필로 정하면 길하리라 불같이 급한 성질을 버팔지 않으면 매사에 해가 있으니 특히 조심하라 二十八, 九세를 넘겨야 일신이 평안하리라 四十九세에 액이 있으니 조심하고 칠성기도를 많이 하라 삭발하고 수도하면 큰 법왕이 되리라

◉이사람의 집 좌향은, 건좌손향 축좌미향 간곤문 (乾坐巽向丑坐未向艮乾門) 이 대길하며 평생 서방이 불길하다 사(巳)년에 삼재가 들어 미(未)년에 나가며 수명

申生(임신생)

임신년에 난 사람은 전생에 천상선관으로 보화국 사람인데 선경에서 소일하다가 재물을 탐한 죄로 상제에게 득죄하고 인간에 태어났다 전생빚은 팔만 二천관이오 금강경은 十四권이다 제 四九고묘(苗) 조관에게 바치며 제일 진광대왕 도산지옥에 속하였다

● 성품은 선량하고 수한 사람이다 그러나 재물에 욕심이 많고 인색하여 한번 마음 먹은 일은 실천하는 성질이다 모든 예능에 통달하고 변재가 있다

● 부모세업은 없고 부모를 일찍 여의고 양자갈 팔자 로다 형제지간에 정이 없어 항상 고독하고 마음이 늘 추울을 넘겨야 수상수 할 것이다

어려 왔다 일찍 무학을 닦지 못하면 괴로운 세월을 보내게 된다 초년에는 고액이 심하도다 비록 어려운 일을 당하더라도 꾀로써 잘 해결한다

◉ 도화살이 들어 반드시 양취를 거느려야 한다 자충은 二三형제이나 실패수가 많으리라 말년에 부귀별수가 왔으니 칠성기도를 많이하고 장등시주를 많이 하라 三四차 고액을 면한후에 부귀하리라

◉ 이사람의 집좌향은, 자좌오향 해좌사향 갑묘문(子坐午向亥坐巳向甲卯門)이 대길하며 평생 부방이 불길하다 인(寅)년에 삼자가 들어 진(辰)년에 나가며 누는세가 정명이다

甲申生

갑신년에 난 사람은 전생에 금기성군으로 서천국 사람인데 남의 재물을 탐한 죄로 상제에게 벌을 받고 인간에 태어났도다 전생빚은 七만관이요 금강경은 二十三권인데 제五十三고 여(몸)조관에게 바치며 제三송 재대왕 한빙지옥에 속하였다

◉성품은 용감하고 정직하며 쾌활하고 민첩하며 풍채가 남에게 뛰어나도다 삼물에 격동하기를 잘하며 금시에 노하면 금시에 풀어지고 남을 용납하지 않하고 도량이 좁고 시정질이 심한편이다 어찌보면 담정하고 담박한편이다 친구도 많으리라 매사에 분투노력도 하는듯하나 실상은 결단성이 적다

⊙ 부모는 정이 없어 일찍 여의고 양자갈 팔자이다 몸에 항상 병액을 지니고 있으며 초년이 좋으며 이 중년에는 그대로 지내며 말년에는 안락할 것이다 도와주는 귀인도 있고 복록도 있으나 자수로 성가하였다 가 자수로 패하는 수가 많다 여색을 삼가 할 것이며 투기사업은 하지말아야 한다 농사를 짓던지 않으면 군무에 들어가면 대길하리라 고상한 인상을 가진사람임으로 자연히 신용도 얻고 자기의 희망도 여의하게되나 육친의 덕이 모자라서 일신이 고독하다 옥복이 구족하다고하면 수명이 모자랄 것이니 분에 넘치는 복을 바라지 말것이다

丙申生(병신생)

⊙ 자궁은 二三형제이나 의식이 무자라고 걱정이 많도다 만일 남자를 많이 낳으면 개귀에 다리를 놓아서 좋으니 일을 많이 하고 딸을 먼저 낳으면 의식주를 많이 하여 활인적선하라 말년에 여러가지 장애가 생길것이니 조심하고 칠성기도를 많이 하라 그렁지않으면 二三차 죽을 고통을 면하지 못하리라

⊙ 이 사람의 집 좌향은 자좌오향 임좌병향 을소문(子쏘午向 소쏘丙向 乙巽門) 이 대길하며 평생남방이 불길하며 인(寅)년에 삼재가 들어 진(辰)년에 나가며 수명은 눈下쏘가 정명이다

병신년에 난 사람은 전생에 보화국 사람으로 서경에

소일하면서 살생도 많이 하고 민간에 재물을 많이 소모한 죄로 이 세상에 태어났다 전생 빚은 三만 三천관이요 금강경은 十一권이다 제 五十七고 하(何)조관에 바치며 제七 태산대왕 최마지옥에 속하였다

● 성품은 쾌활하고 선량한 편이다 재물에 욕심이 많고 인색한 편도 있다 또 교재가 민첩하고 지혜가 있으며 하여 보인다 너무 강하여 남을 용납하지 아니하며 도량이 좁고 희로가 심하여 적은 일에도 노하기를 잘한다 무슨 일이든지 잘 덤비는 성질이 많다 매사에 분투 노력하는 듯 하면서 실상은 결단성이 적은 사람이다

◉부모형제에 덕이없고 정이없으니 일찍이 의고양자 갈팔자이다 초중년의 운은 곤액도 많고 불운도 있으리라 귀인도 있고 부록도 있으나 도처에 풍파가 많아 실패수가 있으니 조심하여야 된다 말년에는 의식 걱정이 없겠으나 가정이 불화하여 공방생활을 면하지 못하리라 활인구제를 많이하고 남을 해치지 말지니 절문에 잣수가서 공을 드려야 모든 액을 면하고 부을 지키고 살것이니라 전세 여색을 유희하다가 상제에게 득죄하고 인간세상에 따어났도다 성품은 웃수하면서 급하다 특히 인정이 많으며 세함이 주밀하고 원만히하며 대인접촉에 재주가

였다 명예와 의리를 중히 여기면 길하다 매양 적은 재주를 이용하여 헛된 일을 행함으로 그 몸을 그릇치는 수가 많다 여색을 탐하여 간혹 실패하는 수가 있으니 이 점을 주의하면 길하리라

부모의 세업은 자신이 노력하여야 의식을 얻으리라 삼가하고 투기 사업을 하지 말아야 되다 농사나 군인이 대길하도다

●자궁은 비록 많으나 실패수가 있도다 원한 구가 항상 따르니 중한 고액을 면하지 못하리라 조상을 잘 치성하여 주고 자식을 위하여 공을 많이 드려주면 대길하리라

戊申生(무신생)

- 이 사람의 집 좌향은 축좌미향 고좌가향 오정문(丑坐未向坤坐艮向午丁門)이 대길하며 평생 남방이 불리하고 인(寅)년에 삼재가 들어서 진(辰)년에 나가며 수명은 구十이 정명이다 무신년에 난 사람은 전생에 천상선관으로 보화국 사람이 되여 선경에 소일하다가 재물에 대해 흉한 죄를 짓고 상제에게 득죄하여 인간에 태어났다 전생빚은 八만관이오 금강경은 ᅮ천권인데 제五十八고시(柴) 조관에게 바치며 제八평등대왕 추해지옥에 속하였다

- 성품이 선량하나 재물에 욕심이 없지않으며 마

음에 하고저 하는 일은 결국 실천하는 성질이다 정의를 세우고 곡적을 잘 가리고 거만한 편이 적고 성미가 강하며 항복하기를 싫어한다 또 교재가 민첩하며 지혜가 명민하게 보이기도 한다 도량이 좁고 희로가 심하여 적은 일에 노하기도 잘한다 매사에 분투 노력하는 듯도 하면서 실상은 결단성이 적은 편이다 귀인도 고 복록도 있으나 자수로 파하기 쉬운 운수이다 ○부모의 덕은 없고 형제간 정이 없어 일신이 고독하다 일찌기 부모형제를 여의고 양자갈 팔자로다 초, 중년의 운수는 고액이 심하고 많은 편이나 귀인이 도와주므로 귀가 변하여 용이 되는 격이로다 장차 복록이 구족할 것이나 수명이 짧겠다 일찍 무슨 일이나 학문을 통달하지 못하면 슬픈 신세를 면하지 못하리라 모든 일을 잘 연구하고 공을 드리면 성공할 것이나 조상의 근심으로 항상 실패수가 있고 간간히 중환수가 있다 평생 투기사업을 하지말고 농사를 짓던지 군인이 되면 대길하리라

○ 자궁은 二, 三 형제이나 독신과 같으리라 도화살이 들어 부부이별수가 있으니 양방 생활을 면하지 못하리라 二 녀의 위기가 항상 몸에 따르니 남을 집에 드려서 살면 길하고 고요한 절에 가서 년 기도를 하라 여색을 조심하라 아니면 패가 망신하리라 칠성

庚申生(경신생)

● 이 사람의 집 좌향은 고좌간향 오좌자향 진사문(坤 좌간향午坐子向辰巳門) 이 대길하고 평생 남방이 불길하며 인(寅)년에 삼재가 들어 진(辰)년에 나가며 수명은 따 세를 넘겨야 七十三세까지 살 것이다

경신년에 난 사람은 전생에 천상선관으로 보화국에 살면서 선경에 소일하다가 인재를 해치죄로 이 세상에 태어났도다 전생빚은 二만 一천관이오 금강경은 二十一천인데 제 四十二 호(胡) 조관에게 바치며 제 十전루대왕 후암지옥에 속하였다

기도를 많이하고 칠성부를 몸에 지니면 수명을 연장하리라

⦁ 성품은 쾌활하고 두뇌가 민첩하도다 남을 도움 는 뜻이 깊고 상하를 잘 가려 사귀며 모든 얘기에 능하며 변재가 있으며 혹시 재물에 욕심을 버어 있색 할 때가 있다 지혜가 있고 명민하며 너무 강하여 남을 용납하지 않는 수도 있으니 어떤 때는 적은 일에 도 화를 잘 내기도 한다 매사에 분투노력하는 것 같으나 실상은 결단성이 적다 복록이 있으나 여색을 너무 좋아하므로 종종 실패가 있으니 조심하라
⦁ 부모형제는 정이 없어 부모를 일찍 여의고 사방에 흩어져 살 것이며 몸에 항상 병액이 따르고 있도다 의식이 풍족한 편이나 분주히 노력하여야 그 분을

지키리라 초장면보다 판이 넘어야 호의호식 할것이며 투기사업보다 농사나 군인이 되면 때길하리로다 평생 여색을 조심하여야 횡액을 면하리라

◉ 자궁은 二 三형제이나 항상 근심이 많도다 二녀의 원기가 딸리고 있으므로 부모이별수가 있고 자식에게도 병액이 있으니 조심하라 어진마음으로 칠성기도를 많이하고 남에게 좋은일을 많이하라 장등시주와 복시주를 많이하여야 부귀를 누릴것이오 그렇지않으면 걸식을 면하지 못하리라 남에게 양자를 가면 부귀영화 장수한다

◉ 이사람의 집 좌향은 자좌오향 계좌정향 갑을문주

癸酉生(계유생)

癸坐丁向 癸坐丁向甲乙門) 이 대길하며 평생 남방이 불리하며 인(寅)년에 삼재가 들어 진(辰)년에 나가며 수명은 七十세가 정명이다

계유년에 난 사람은 전생에 옥토성군이니 범천국사람이라 선경에 유희하다가 상제에게 죄를 짓고 인간에 태어났다 전생빗은 三만관이요 금강경이 九천권인데 제十三고 신(申)조관에게 바치며 제일 진광대왕 산지옥에 속하였도다

● 성품은 강직하여 남에게 굴하지 않으며 용기가 많은 사람이다 명예심이 풍부하고 인내력이 있어 연구하고 고치는 버릇이 있어 자기의 잘못을 알면

즉시 고치다 자기 마음에 맞지 않으면 몸을 희생하더라도 행하고자 한다 특히 처세함이 주밀하고 원만하며 대인접촉에 재주가 있다 명예와 의리를 중히 여기고 무슨 일이든지 행하기를 좋아하나 매양 적은 재주를 믿고 헛된 일을 행하므로 그 몸을 그릇치는 수가 있다

○ 부모세업은 많으나 모두 없애고 자수로 살아가며 몸에 귀인성이 비쳤으나 해살이 몸에 따름으로 수족이나 얼굴에 흉터가 있으리라 만일 흉터가 없으면 자식을 두고 근심하리라 우환이 있어서 항상 고통을 받을 것이니 적선을 많이 하고 고요한 절이나 산수좋은

곳에 가서 칠성기도와 산신기도를 많이 하여 도액하라

○부부지연은 일찍 이첩은 남의 상사라 고향을 떠나 객지에 가서 사는 것이 좋으리라 일시에 풍파가 왔으나 이것도 팔자로다 자식은 그 첫형제를 두나 없는 것과 같고 몸에 도화살이 들어 부부이별수가 있다 三十四, 四十九 세때 신병을 조심하라 그액을 면하지 못하고 일선이 고단하리라 초년은 비록 좋으나 중년은 많이 분주할 것이고 말년이라야 평할 것이라 지성으로 조상에 봉제하라

○이사람의 집좌향은 신좌을향 해좌사향 자임문(후뜰乙向亥뜰巳向子小門)이 대길하며 평생 동방이 불길

乙酉生(을유생)

하다 해(亥)년에 삼재가 들어 축(丑)년에 나가다 수명은 七十四세를 잘지내야 七十八세가 정명이다

을유년에 난 사람은 전생에 옥토성군으로 범천국 사람인데 선경에 유희하다가 범천에 득죄하고 인간에 태어났도다 전생빗은 만만관이요 금강경은 二十四권인데 제二고 안(安)조관에게 바치며 제三 송자대왕 한빙지옥에 속하였다

⊙성품은 우수하면서 활발하다 일처리함이 주밀하고 원만하며 사람을 대접하고 물건에 대해 특히 자주가 있고 계획이 세밀하다 특히 명예를 중히 여기고 의리를 지키며 길하다 매양 적은 재주를 이용하

여헛되일을 하다가 온몸을 그릇치는 수가많다 매사에 처음 시작할때는 뚜렷하나 끝이 성실치 못하다 부모세업은 있다고 하여도 오래지나지 못하고 결국 자수성가 할것이다 직업은 음식점이나 요리점을 경영하면 성공하고 十三, 十九, 二十三, 二十九세에 관액을 조심하고 三十四, 四十九세는 신병액을 조심하라 얼굴이 수족에 흉터가 있을것이다 노래와 색을 좋아 하므로 재난이 많이 생길것이니 조상을 잘 처도하고 초상제를 많이 지내도록 하라

○자궁은 띠,교형제이나 없는것과 같고 도화살이 있어 부부이별수가 있고 재축할 팔자로다 꿈은 산중에 들

丁酉生 (정유생)

어자 돋을 닦으면 좋을것이며 장동시주와 의복시주를 많이하면 재앙을 소멸하고 복록에 이르리라

● 이 사람의 집 좌향은 임좌병향 계좌정향 갑을문(손좌 丙向 癸坐 丁向 甲乙門) 이 대길하며 평생 동방이 불길하며 해(亥)년에 삼재가 들어 축(丑)년에 나가며 수명은 족히 칠십을 넘겨야 추 十五세까지 살리라

정유년에 난 사람은 전생에 옥로성군으로 범천국 사람인데 전생빚은 七十만관이며 금강경은 四十八권인데 제 九 고민조관에게 바치며 제 七 태산대왕 좌 마지옥에 속하였다

살이 들어 면상이나 몸에 흉터가 생길것이며 고향

을 떠나 타향에서 살게 되면 의식이 풍족하리니 이것 도 역시 팔자로다 누굴 원망하리오 二十四·四十九세 때 에 신병액이 두려우며 횡액과 구설수가 간간히 있으 니 성심으로 남을 도와 닦으면 길하리라

◉ 자궁은 여러형제 이나 없는 것과 같으며 남녀간 공 방살이 있어 부부이별수가 딸물로 두번이상 장가 를 가야만 될것이라 무슨일이던지 처음은 늘같이 하나 나중에는 여의치 못하니 아무쪼록 의리를 힘쓰 며 항상 조상을 잘 천도하여 주고 장등시주와 의복 시주를 많이하여야 부부해로하고 부귀영화할것이다

◉ 이사람의 집좌향은 진좌술향 축좌미향 사오문(辰

己酉生 (기유생)

묘술향묘미향사오문(卯戌向卯未向巳午門)이 대길하며 평생 동방이 불리하다 해(亥)년에 삼재가 들어 축(丑)년에 나가며 수명은 구십세를 잘 넘기며 추구세가 정명이다 기유년에 난 사람은 전생에 옥토성구으로 범천국에 살다가 불법승 삼보를 비방하고 범천왕에 벌을 받아 이세상에 태어났도다 전생빚은 九만관이오 금강경을 구九권인데 제二고 손(孫)조관에게 바치며 제八평등대왕 추해지옥에 속하였다

●성품은 급하면서도 우수한 편이며 애정도 많으며 재주도 있고 총명한 편이다 천성이 활발하여 처세함이 주밀하고 원만하다 대인접촉에 특히 재주가 있다

명예를 중히 여기며 의를 행하면 길하도다 변변치 않은 일에도 질투를 잘하며 언쟁을 하는 일이 있을 것이니 주의하면 길하다

●부모의 유산은 많으나 실패수가 많으며 초년에는 다소 곤액이 없지아니 하다 중년부터 차차 나아지도다 얼굴이나 수족에 흉이 있을 것이며 고향을 여의고자 주이사를 하게되니 이것이 타고난 팔자로다 二十七·二十 四·二十九 四十세에 신병액이 두려우며 평생에 횡액 과 구설수가 두려우니 조심하라 문무가 출중하며 하는 일이 공평하여 만일 벼슬을 하지못하면 도리 어 천한 사람이 될것이다

辛酉生(신유생)

◉자궁은 四·五형제이나 허실이 많도다 공방살이 있어 一처 二첩은 남아의 상사로다 항상 마음을 발르게 하고 성심으로 수도하고 자주조왕께를 지내고 조상을 잘 위하여주면 귀인이 날을 도우리라 노래도 좋아 하고 여색도 좋아하며 실패수가 있을것이니 조심하여라

◉이 사람의 집좌향은 미좌축향 간좌곤향 병오문(未坐丑向艮坐坤向丙午門) 이 대길하며 평생 동방이 불길하다 해(亥)년에 삼재가 들어 축(丑)년에 나가며 수명은 六十세를 넘겨야 추 五세가 정명이다

신유년에 난 사람은 전생에 옥토성구으로 범천국

에 살면서 서경에 유희하다가 범천왕에 득죄하고 인간에 태어났도다 전생벗은 드만 七천관이요 금강경은 十三권이며 제 十코고 정(十)조관에게 바치며 十전루대왕 흑암지옥에 속하였다

◉성품은 우수하고 후덕한 편이나 조급하기도 하다 애정이 많으나 남에게 지기를 싫어하고 무슨일이던 지 잘처리하며 대인접촉에 특히 재주가 있다 명예를 중히 여기고 의리를 지키며 길하다 매양적은 재주를 이용하여 헛된일을 행하므로 자기의 몸을 그롯 치는 수가 많다 이사람은 면상이나 수족에 흉이었다

◉부모의 유산은 많이 있으나 실패가 많다 의식은 유

여하나 초년에는 고생이 많을 것이요 중년에는 특히 병액이 있으니 조심하라 매사를 시작할때는 성공할듯하나 나중에는 여의치 못하니 아무쪽으로의 리를 힘써야 할것이다 고향땅은 불리하니 수차 이거할 것이며 일시 풍파는 타곤간 팔자이니 누굴 원망하리오 문무가 출중하니 귀인이 와서 도우리라

● 자궁은 고, 초형제이나 효자가 없다 부부의 정이 화합하지 못하므로 1취 2첩은 남아의 상사로다 조상을 외하여 늘전에 공을 드려야 가운이 왕성하고 무사태평하리라

● 이사람의 집좌향은 축좌미향 곤좌간향 유정문묘

甲戌生(갑술생)

묘미향곤좌간향오정문(卯未向坤坐艮向午丁門)이 대길하며 평생 동방이 불리하다 해(亥)년에 삼재가 들어 축(丑)년에 나가며 수명은 주五세가 정명이다

갑술년에 난 사람은 전생에 극별성군으로 숙려국 사람인데 천상선관으로 있다가 주색에 방탕한 탓으로 상제에게 득죄하고 인간에 태어났다 전생빚은 二만 三천관이오 금강경은 九권인데 제二十七고병(丙)조관 에게 바치며 제一진광대왕 도산지옥에 속하였다

◯성품은 용감하고 정직하며 거짓을 아주 싫어하며 의리를 숭상하고 급히지 아니하는 강한성질이다 모든 일에 격동을 잘하고 금시에 노했다가 금시에 풀어

진다 혹 자기의 성격에 맞지 않으면 선악을 가리지 아니하고 참지 못하는 수도 있다 박정한 때가 많으며 색정을 좋아하는 사람이다 운수는 고상한 사람이며 신용도 얻고 희망도 여의하겠으나 여인을 삼가하여야 하며 부지런하여야 의식이 구족하다

● 부모세업은 있다 하여도 오래지키지 못하며 고향을 인연이 적고 객지가 생활터가 되다 초년운수는 고기가 천강에 노는것과 같고 학문을 많이 닿으면 명진 사할것이나 그렇지않으면 상업을 하면 성패는 다소 있으나 재물은 얻으리라 나를 도와줄 사람은 진(辰)생이다 모사를 함에 수단이 있어 수롱천금을 할수도있

丙戌生 (병술생)

다 十五세 二十三세 四十七세에 신병액과 관재액이 있으니 조심하고 수족이나 면상에 흉터가 있으면 액을면하리라
◯자궁은 二三형제이나 一자종신이라 처궁에 살이 있으니 재취할 팔자로다 고향을 불리하니 타향에 가면 종고여러절에 가서 산신기도를 지성으로 모시고 장등시주와 가사시주를 많이하면 대길하리라
◯이사람의 집 좌향은 병좌임향 오좌자향 인갑문(丙坐向午卯子向寅甲門)이 대길하고 평생서방이 불리하며 신(申)년에 삼재가 들어 술(戌)년에 나가며 수명은 八十상수할것이다
병술년에 난사람은 전생에 천구성구이로 처상선

이였다가 주색이 심한 탓으로 상제에게 득죄하고 인간에 왔도다 전생빚은 八만관이요 금강경을 二十五권이데 제二두고 죄(罪)조관에게 바치며 제三종제대왕 한빙지옥에 속하였다

● 성품은 급하고 쾌활하다 그러나 지극히 정직하고 청렴하여 거짓을 즐기지 아니한다 의리를 숭상하고 굽히지 아니하는 강한 성질을 가지고 있다 도량이 넓지 못하여 내뜻에 맞지 않으면 선악을 가리지 아니하고 참지 않는 성질이다

● 부모의 세업은 바라지 말고 자수성가 하도록 노력하여야한다 초년에 학문을 닦으면 사회에 이름을 떨

칠것이오 그렇지 않으면 상업을 주로 할것이니라 十五, 二十三, 四十八세에 신변횡액 과재수가 있으니 조심하라 목성을 친하면 손재가 많으리 가까이 하지 말어라 초년은 불길하니 살생하지 말어라 평생에 해를 끼칠사람은 진생이니 사귀면 몸에 흉을 얻으리라 여색을 삼가하고 부지런히 노력하여야 의식이 풍족하리라

● 자궁은 四, 五형제이나 二자종신 할것이오 처궁에 살이 있으니 부부이별수도 두렵도다 생어를 많이 사서 물에 살려주고 용왕께를 지내주라 그리하면 모든액을 소멸할것이다

戊戌生(무술생)

● 이 사람의 집 좌향은 오좌자향 정좌계향 을소문(午 卯子向子卯癸向乙巽門)이 대길하고 평생 북방이 불길하다 신(申)년에 삼재가 들어 술(戌)년에 나가며 수명은 七十一세가 정명이다

무술년에 난 사람은, 전생에 성구성궁으로 천상선관 이었다가 상제에게 득죄하고 인간세상에 태어났도다 전생빗은, 四만관이오 금강경이 十四권인데 제 三十六고 보(普)조관에게 바치며 제七태산대왕 좌마지옥에 속하였다

● 성품은 한없이 급한 편이며 정직하고 청렴하여 거짓을 모르며 의리를 숭상한다 남에게 급하지 아

니하고 강한성질이 있으나 도량이 넓지 못하여 버뜻에 맞지 아니하면 선악을 가리지 아니하고 참지않는 성질이다 박정할때가 많고 특히 여색을 탐하는 사람이다
◉부모세업은 지키지 못하고 형제는 정이없다 초년의 운은 곤기가 청강에서 노는 격이며 사방출입하여 의식이 풍족하다 十五, 二十三, 四十八세에 신병액과 관재액이 있으며 화재도 조심하라 상업을 하면 이익이 사방에 있다 친구를 사귀되 목성을 가까이하면 손해가 미치리라
◉자궁은 二, 三 형제라고하나 자종신이로다 처궁에 화살이 범하였으므로 부부이별수가 있으니 부부화합부

庚戌生 (경술생)

를 가지도록 하라 고향을 불리하니 타향이 종으리라 명산대찰에 찾아가 지극히 치성하고 성심으로 남을 도와주라 그리하면 관록도 얻고 무무겸전하며 예술로서 성가하리라

○이 사람의 집 좌향은 곤좌간향 축좌미향 곤축문(坤坐艮向丑坐未向坤丑門)이 대길하며 평생 부방이 불길하다 신(申)년에 삼재가 들어 술(戌)년에 나가며 수명은 七十八세가 정명이다

경술년에 난 사람은 전생에 천구성군이 남녀지간에 천상선관으로 있다가 상제에게 득죄하고 이 세상에 나왔도다 전생 방이 十만관이오 금강경은 三十五권인데 제二

고신(苦)조관에게 바치며 제8편대왕후해지옥에 속하였다

● 성품은 한없이 급하나 곧 풀어진다 용감하고 정직하며 의리를 중하게 생각할뿐아니라 남에게 잘 굽히지 않는 성질이다 도량이 넓지 못한 편이었어 뜻에 맞지않으면 선악을 가리지 아니하고 참지않는 성질이 있으며 박정한 때도 없지 않으며 특히 여색을 탐하여 실패를 보는 수도 있다

● 부모유산은 바라지 말고 근실하게 노력하여 상업을 하면 이익이 사방에 있으리라 十五, 二十三, 四十七세에 신병과 횡액을 조심하라 항상 괴로운 일로 끔즈리가 산란하다 무성이 날를 해칠것이니 가까이 하지 말어라 만

약 문무를 겸전하면 인물이 출중할것이오 예술로서 성공할수도 있다 고향땅을 불리하니 타향에 가서 살아야 성공이 빠르다

● 자궁은 2,3 형제이나 1 자독신 지격이오 처궁에 살이 있어 두三, 四十세에 부부이별수가 있고 재취할 팔자로다 쎄쎄년년 산신기도를 많이 하고 불전에 치성하고 삼보전에 공양하고 의복시주를 많이하면 복록이 많으리라

● 이 사람의 집 좌향은 축좌미향 건좌손향 진간문 (丑坐未向 乾坐巽向 辰艮門)이 대길하고 평생 부방이 불길하며 신(申)년에 삼재가 들어 술(戌)년에 나가며 수명

소成生(임술생)

임술년에 난 사람은, 전생에 천구성군으로 천상선관 이었다가 부시를 반대한 죄로 상제에게 득죄하고 이 세상에 태어났다 전생빚은, 七만 드천관이오 금강경 은 그十五권인데 제四고 팽(彭)조관에 바치며 제十전륜 대왕 흑암지옥에 속하였다

● 성품은 급하면서 용감하고 정직하며 풍채가 늠늠 하다 거짓을 즐기지 않으며 의리를 중하게 생각한다 남에게 잘 굴하지 않는 사람이다 두뇌가 명민하며 남대할뿐 아니라 자비자선의 뜻이 굳고 상사를 공경 할줄아는 사람이다 비뜻에 맞지 않으면 선악을 가리

지아니하고 참지못하는 성질이다 혹시 박정한 때도 없지 않으며 주로 여색을 탐하는 사람이다
●부모유산은 적고 형제간 우애가 없도다 사업을 하면 이익이 사방에 있으리라 화재살과 병액이 몸에 따르고 있으니 조심하라 친구를 사귀되 목성을 가까이 하지 말지어다 남의 말을 너무 잘들으면 실수가 많을것이니 조심하고 고향을 불리하니 타향에 가서 살면 좋으리라
●자궁은 늦녀이나 일자종신이다 처궁에 살이 있어 재책할 팔자로다 종은 일을 많이 하되 가사시구와 장 등시주를 많이하라 항상 여색을 삼가하고 부지런하 야되다 처음은 곤란하나 중년이후부터 의식걱정은 없

乙亥生 (을해생)

○ 이라

● 이 사람의 집 좌향은 유좌묘향 건좌손향 해계문(酉坐卯向乾坐巽向亥癸門)이 대길하고 평생 북방이 불길하다

신년에 삼재가 들어 술(戌)년에 나가며 수명은 七十세가 정명이다

을해년에 난 사람은 전생에 二백성주으로 숙원국 사람인데 주색에 방탕하여 유인자재하여 재산을 탕패한 죄로 상제에게 죄를 받고 인간에 태어났도다 전생벗은 八만八천과이며 금강경은 十七권인데 제 四十二고 성(戌) 조과에 바치며 제一진광대왕 도산지옥에 속하였도다

● 성품은 지극히 우수하며 의협심이 많어 의리를 숭

상하며 원망을 품지 아니하고 자선심이 많을뿐 아니라 겸양심이 많은 사람이다 또는 웃수 하게 하며 불평과 탄식도 많다 간혹 고집이 있어 남의 말을 잘 듣지 않으며 자수성가 할수있는 노력도 하는 사람이다

● 부모형제는 정이 없고 각각 들어져 살것이며 평생의 식은 우연 할것이다 금옥이 만당하고 갈수록 운수가 대통하다 과록이 있어 초년 등과 하면 식록이 구족 하나 그렇지 않으면 고궁하고 횡액이 몸에 따르리라 중병을 한번 지고 고생들에 영화가 있으리라 평생에 의식 걱정은 없으나 한번 성패가 있으리라 죽음 지나면 성공길이 생기리라 평생에 상(亡수)생을 조심하라

丁亥生 (정해생)

● 자궁은 크, 大형제이나 액살이 들었으니 부모와 별거함 이 종으리라 그렇지 않으면 부부이별수가 두렵도다 집안에 횡구가 있어 매사에 방해하며 근심걱정이 떠나지 않으리니 관음기도를 많이 하고 원혼귀를 천도하여 주면 종으리라

● 이 사람의 집좌향은 임좌병향 자좌오향 신좌묘문(寅坐丙 向子坐午向申巽門) 이 대길하고 평생 동방이 불길하다 사(巳) 년에 삼재가 들어 미(未)년에 나가며 수명은 九十상수할 것이다

정해년에 난 사람은 전생에 그벽성구으로 수원국 사람 인데 상제에게 득죄하고 인간에 왔도다 전생빛은 三만九

천관이요 금강경은 十三 권이며 제 四十五 길(吉)조과에 속하였다 제三 송제대왕 한방지옥에 속하였다

● 성품은 대개 수하고 착하며 남자는 성질이 급하고 여자는 우수하나 모두 외고집이 없지않다 특히 헌헌장부의 기상이다 특히 인정이 있고 신의를 지키며 군자의 풍이있다 의협심도 있으며 의리를 숭상하며 원망을 품지 아니하고 자선심과 겸양하는 힘이 많은 사람이다

● 일찌기 부모를 여의고 타향에 가서 살아야 성공이 빠르리라 초 중년에는 신병으로 고생을 하다가 차차 부귀하리라 평생의 시거정이 없겠으나 한번 성패는 있을것이다 말부에는 부귀영화하여 태평하게 지낼것이다

나 불전에 기도하고 염불소리가 끊어지지 않어야 된다 선배의 도움을 받아 성공할 운이 있으나 성심이 모자라고 고집이 많음으로 도움이 늦어진다 만약 소년등과 하면 실록은 있으나 수명이 짧으리라

● 자궁은 二,三형제이나 실패수가 있다 부부의 정은 과히 좋은 편은 아니며 이별수와 횡액수도 있으니 조상전에 치성하고 불전에 성심기도 하라 평생 의식이 구족하고 금옥이 만당할수 있을것이나 그렇지 않으면 걸석을면하지 못하리라

● 이사람의 집 좌향은 갑좌경향을 좌시향오정문(甲坐庚向乙坐辛向午丁門)이 대길하며 평생 서방이 불길하다 사(巳)년에 삼재가 들어 미(未)년에 나가며 수명은 六十二세를

己亥生(기해생)

지나야 九十이 정명이다
기해년에 난 사람은 전생에 二백성군으로 숙원국 사람인데 욕심을 많이 부리죄로 상제에게 득죄하고 이세상에 태어났도다 전생빚은 八만二천관이오 금강경을 二十五권인데 제 七十五고 정(丁)조관에게 바치며 제 七태산대왕 최마지옥에 속하였다

● 성품은 급하고 총명하며 어질고 재주가 많아 발명하는 마음이 있고 불수불효하는 성질도 있다 의협심이 많어 의리를 숭상하고 원망을 품지 않으며 자선심과 겸양심이 많으나 사람이나 뼌뼌치 않은 일에도 질투를 하며 언쟁을 하여 남의 시기를 취하는 폐가 있다

● 부모의 덕은 적고 일찍 부모를 이별하고 남의 부모를 나의 부모로 삼고 살아야 후부에 부귀할 팔자이며 초년의 운은 걸방이 상반이며 초년에 등과하여 식록을 얻겠으나 신병이 있어 고생이 많도다 평생을 두고 의식걱정은 없겠으나 한번 실패는 불가피한 일이로다 만일 파산하는 악운을 면하고 보면 신병으로 크게 고통을 받으리라 평생에 삼여년(린수) 상생을 조심하라 나에게 덕이 없도다

● 자궁은 二, 三 형제를 두나 액살이 들었도다 부부에 이별수가 있으나 몸에 액운부를 지니고 결인들에게 의복시주를 많이 하고 명산명지를 찾아가 장등시주를 하여 불을 밝혀주라 염불을 소리가 그치지 않도록 하면 액을

● 이 사람의 집좌 향은 신좌을향 신좌이향 자계문(후 쯔乙向申坐寅向子癸門)이 대길하며 평생서방이 불길하다

사(巳)년에 삼재가 들어 미(未)년에 나가며 수명은 소
九세가 정명이다

신해년에 난 사람은 전생에 수원국 사람으로 범사승 의 몸으로 있다가 경학을 성취못한 죄로 인간세상에 왔도다 전생범은 十만 一천관이오 금강경은 四五권인데 제四五 석조관에 바치며 저八평등대왕추해지옥에 속하였다

● 성품은 급하고 욕심이 많으나 어질고 효성이 지극하 다 결단력이 빠르나 반면에 남의 말을 않는 성질이다

소멸할것이오 그렇지 않으면 악구가 몸에 따르리라

의협심이 많아 의리를 숭상하며 원망을 하지 않고 자서심도 많고 겸양하는 힘이 많은 사람이다

● 부모의 정이 소홀하고 덕이 적도다 별거하여 사는 것이 좋으리라 초년 지운이 길흉상반하여 고액이 있으니 조심하라 중분이 지나야 실록이 우연할것이나 자수성가할 팔자로다 남의 말을 듣지 않음으로 실패수가 적도다 관록이 있어 촉녹과 할것이오 초중년이 다소 곤란을 겪으나 후에 무량대복을 받을 것이다 사오생(巳午)과 사오년은 불길하니 조심하라

● 자궁 3,4형제 이나 액살이 있어 각각 동서사방 흩어져 살것이오 처궁 꽃밭에 봉접이라 세상 사람들이

癸亥生(계해생)

좋다하나 광풍이 두렵도다 만약 파산하지 않으면 일차 종병이 두렵도다 금슬이 좋지못하니 사별하기 쉬우리라 부처님전에 발원하고 경전시주를 많이하고 자신이 독경을 많이하라 걸인에 의복시주를 하면 가족이 태평하고 이별수를 면하리라

● 이 사람의 집 좌향은 유좌묘향 건좌손향 신간문(酉坐卯向乾坐巽向申艮門) 이대걸하며 평생서방이 불길하다 사(巳)년에 삼재가 들어 미(未)년에 나가며 수명은 8,9,70세가 정명이다 계해년에 난 사람은 전생에 수원국 사람인데 부처님의 경전을 얻어 가지고도 읽지않고 더럽히 죄로 상제에게 벌을 받고 이세상에 태어났도다 전생빚은 7

二취과 이오 금강경의 二十四전이데 제四十五 고구(仇)조관에 바치며 제十전을 대왕 흑암지옥에 속하였다

◎성품은 급하고 강직하다 욕심이 많은편이며 남녀가 총명하여 소년등과할 기상이다 남에게 굴하지 않으려고 하는 성질이 있고 용기와 명예심이 풍부하다 자기의 잘못을 알면 즉시 고치는 성질이며 남을 도우고져하면 자기의 몸을 살피지 않으나 욕심을 부리다가 도리어 손해를 보는 수도 있다 항상 의리를 숭상하며 잘못이 있어도 남을 원망하지 않을 사람이다

◎부모의 덕이 적고 형제는 많으나 사방에 흩어져 살 것이다 신병이 중하여 초,중년에 다소 곤액이 있겠음

나차차 영달하여 부귀하고 말년에 무량대복을 누릴 것이며 평생 사오년(巳午)과 상생을 조심하라

◉ 자궁은 그 大형제이나 액살이 들었으니 조심하여야 하며 부모와 별거하는 것이 길하도다 부부의 금실이 좋지못하여 살아서 이별할 팔자로다 추세에 큰 병액이 있으니 성심으로 적덕하고 칠성기도를 많이하며 의복시주와 장등시주를 많이하면 액을 면하리라

◉ 이 사람의 집 좌향은 유좌묘향 건좌손향 임좌병문(酉坐卯向乾坐巽向壬坐丙門)이 대길하며 평생 서방이 불길하다 사(巳)년에 삼재가 들어 미(未)년에 나가며 수명은 추세를 넘겨야 九十상수할 것이다

● 인(寅)월에 난 사람은 천재(天財)가 있어 귀인의 도움을 받으며 운수는 아침에 뜨는 해와 같이 빛나고 성하다 그러나 바라는 바가 너무 부치므로 일과 마음이 같이 못하고 일생중 고란이 없으며 친절하고 사람을 구제하기를 좋아하므로 역시 타인에게 도움을 받아 상에 재물이 있시며 부귀안락하게 지별것이며 十二, 二十一, 三十一, 四十一, 五十一, 六十一, 七十一세에는 해마다 정월을 조심하라

(相貌端正是前緣　早年衣祿自安然　高人接引常遇恩　夫婦團圓過百年)

● 묘(卯)월에 난 사람은 운수가 그다지 부족함이 없이

三月生

나 뜻과 같지 않으므로 삼곱있게 되다 여인교재가 능하여 잘 화합하나 친척들에게는 화합하지 못하다 타향에 가서 잘살자로다 성질이 밖으로는 종응쾌하나 내심으로는 불호하는 일이 많고 경위를 잘가려서 떡쪼개듯 하다 소망도 대개는 성취하나 실패성이 많다 뚝새 부터 재산이 모여 차차 안락하여진다 매년 二월과 十二월은 근심이 많은 액월이라 전생에 소를 주인 죄로 금생에 조실부모 할것이다
(平生良善自己知 衣祿增榮盛有餘 錢財家業中年好 高人提起上雲梯)

●진(辰)월에 난 사람은, 운수가 초목이 봄을 당하

여 싹이 트고자 하는것과 같으며 비운이 다하고 길운에 당하는 격이라 차차 신조의 이름을 잘지키고 전하며 성질이 정직하고 관대하여 타인에게 신용을 얻어 입신양명할것이다 화려함을 취하는 골 실패가 많으니 화려하고 사치하는 마음을 버리면 더욱 창성하리라 초년은 신고하나 중년후에는 점점 길운이 비치니 뚜세 두면 만사가 여의하리라 주세와 뚜세는 세월을 조심하라 전생에 불전기물과 노인의 복을 빌렸으고 반화하지 않었으므로 금생에서는 부모형제와 이별하여 살 팔자로다

(爲人心性自寬懷 平生招得四方財一日時來當發跡 猶如枯樹遇)

一五七

春來 (四月生)

● 사(巳)월에 난 사람은 마음이 풍후하며 고재가 능하여 사방에 극인이 있다 그러나 여색을 탐함으로 인으로 인하여 왕왕 실패수가 있다 이 일만 주의하면 일가 화목하고 만사여의 하리라 마음이 웃숩함으로 대사가 잘 이루워지지 않을때도 있게되다 큰 사업을 하고져 허탄한 일을 하다가 실패를 볼것이다 정도 대로 하면 가내가 화합하고 三十세 후면 점점 종아지고 四五세를 지나면 안심하고 살리라 三七세와 매년 十월은 흥하나 조심하라 전생에 절탑에 불을지른 죄로 금생에 여러가지 일에 막힘이 많으니 절

五月生

(管許一年勝一年 無須怨恨如憂煎 最宜持齋行方便 夫婦快樂得團圓)

● 오(五)월에 난 사람은 허황한 일을 즐기므로 대사를 그릇치는 수가 많다 무슨 일이든지 지실히 행하면 그다지 우수가 불길하지는 않으니 일생중 대성공 이 있으리라 성질이 온화하고 인의를 좋아하며 자선심이 많아 남을 돕는 일을 즐기는 고로 뷰품이 귀하게 되여 항상 뷰리며 어름이 되다 다만 남을 의뢰하여 내몸을 돌보지 않으므로 항상 신고가 있고 학업에 힘쓰[면] 하자가 되고 공명에 힘쓰[면] 대인이

주수에 브시를 많이 하라

이되다 三十八세가 되면 점점 길운이 들어 五十三세가
되어야 안락할것이다 매년 오월이 되어야 흥하도다
전세에 부처님전에 시주를 많이 한고로 금생에 부
록을 누릴것이나 너무 편하면 마가있는 법이라 매
사에 주의하며 길하도다

日出長遇見 擴財 上人接引笑顔開 田園産業家豪富 榮奉

福壽步金階)

● 미(未)월에 난 사람은 성질이 영리하고 재주가 있고
지혜가 있어 만사가 교묘하나 부허(浮虛)한 뜻이 있
는 고로 당연히 성공할수 있는 일도 낭패하기 쉽다
또 결단성이 있어 무슨일이던지 명백히 하므로

七月生

망이 없으나 성미가 급하므로 망신하는 일도 없지 않다 부모의 유산을 지키지 못하고 자수성가하나 오래 가지 못하다 허황함과 성미 급한 일만 주의하면 반드시 길하도다 남을 부리는 수단이 있으나 자수로 하지말고 남을 시켜서 성공하라 二十세부터 길운이 오다 三十六세 때와 매년 三월을 조심하라 전생에 불전화초를 많이 꺾은 죄로 금생에 병액이 자주 따르니 불전에 화초를 많이 심고 장등시주를 많이 하라
(一生衣祿自安康 爲人顯達有文章 三秋快樂家豪富 婦
同居松栢長)

신(申)월년에 난 사람은 자비심이 많으나 듯 하면서

욕심이 많음, 고로 정말 자선이 되지 못한다 사사에
기밀하나 자기의 뜻대로 하는 고로 남에게 귀여움을
받지 못한다 매사에 남을 먼저 생각하면 길하리라
대단히 진실한것 같으나 실상은 놀기를 좋아하며 색
정이 심하다 이로 인하여 가정에 풍파가 많으니 주의
하면 일생중 큰 액이 없으리라 뭇세에 좋음, 사업과가
정을 세우지 않으면 일생 만족함이 적고 뭇세에 액이
있으니 조심하고 매년 정월은 죄로 흉하다 전생에 남의 돈
을 빌려쓰고 돌려주지 않은 죄로 금생에 실물수와 화
재수를 못면하리라 불전에 공을 드려야 대길하도다
(爲人一生不須憂 小少定心有根田 家宅田園宜主治 方知福祿)

八月生

不待來)

◉유(酉)월에 난 사람은 성질이 견고하여 사람을 알아보는 고로 귀한 사람은 길하나 천한 사람은 불길하다 남의 말을 용납치 않는 성품이므로 혹 과제를 끊는 일도 있다 재주가 있으므로 하번 하고져 하는 일은 끝까지 진행하는 사람이며 중년에 신고가 많으나 사오세를 지나면 차차 통달하여 말년에 안락하리라 매년 오월에 흉하다 전생에 출가한 승녀의 몸이였으므로 금생에 도 틀전에 공을 닦고 수도하면 대길하리라

(為人端正貌堂堂 皆因前生性溫良 今生宜多行善事 自然福祿壽錦長)

九月生

● 술(戌)월년에 난 사람은 성질이 지극히 원만한 편이오 적은 재주가 있는 고로 사회에 등용되나 하는 일이 부족하므로 심력만 허비한다 운수는 비교적 좋으며 초년에 사치하게 자란 사람이 많다 중년부터는 대단히 힘이든다 二十五세부터 二十三세까지는 대단히 신고한다 그러나 금전에는 연이 있으며 교재가 능하고 재주가 있으므로 빈고한 일은 없다 말년이 되면 길하도다 二十九세부터 성운이 닥쳐오리라 매년 九월이 흉하고 전생에 부처님을 불신한 과겨로 금생에 고통이 있도다

(此人生後得大財 錢財益又送來 八字好星家豪富 衣祿自然 稱心懷)

十月生

● 해(亥)월에 난사람은 성질이 강하므로 남에게 지기를 싫어한다 그런고로 남에게 귀염을 받지 못한다 그러나 운수는 좋은 편이오 다소 인색한 편이므로 좋은 평을 듣지 못한다 자기가 즐기는 일이면 남을 생각지 않는다 이같이 결점을 주의하여 처세하면 신용이 더욱 있으며 운수도 좋아져 만사가 여의하리라 따세부터는 실패가 없음이리니 매면 음월을 조심하라 전생에 들법을 비방한죄로 다명수가 왔고 착한 부인을 얻기 어렵다

(爲人年年慶豊餘 免得災殃及其身 更宜特齋行善事 坯 衣祿勝三春)

十一月生

● 자(子)월에 난 사람은 성품이 급하고 험하여 실패수가 많으나 지혜가 있어 남보다 먼저 알아보는 일이 많으며 인망이 자자하다 그러나 자기 일 있을 주의하고 치지도외하는 고로 가내에서 염려가 적지 않으니 이 점을 주의하면 가정이 화합하리라 초년에는 뻘격정이 없으나 중년이 되면서 한번 신고를 겪은 후 말년이 되면 길하도다 두 서부터 운이 돌아오고 열심히 활동하라 의식주에는 근심이 없으며 매년 때월 十월이 불길하다 남을 많이 도와주더라도 고로움을 면할 것이니 치성함을 게을리 하지 말아라

(有宜早年立成家 平生衣祿有榮華 親戚兄弟全無分 交結

十二月生

好友勝有地

● 축(丑)월에 난 사람은 평생 걱정을 아니할 일에도 근심을 하며 이러면 좋을까 저러면 좋을까 주야로 근심이다 성질이 정직하고 간사함이 없어 진실하기는 뜻과 같이 되는 일이 적다 남의 일이라도 항상 근심 걱정하는 고로 은근히 몸은 재산도 소비하게 되나 또 색정이 심하여 가산을 탕진하는 수도 있다 이두가지 격정을 주의하면 반드시 성공하리라 十二세와 二十三세를 조심하고 매년 七월과 十월을 조심하라 저생에 남의 것을 많이 소비한 탓으로 금생에 근심걱정이 많으니라 글공부에 지성하면 대길하리라

2.8.14.20.26日生   1.7.13.19.25日生

(初張動勞受苦辛 自然末後不求人 好運來時福祿至 夫婦團圓壽百春)

● 매월 一일, 七일, 十三일, 十九일, 二十五일에 난 사람은 금생에 고란은 없고 귀인의 도움이 있다 초년은 평안이오 十九세 二十五세 시에는 신상에 근이이 있고 남녀간 복이 있다 일찍 부모를 여일것이다

● 매월 二일, 八일, 十四일, 二十일, 二十六일에 난 사람은 지혜와 덕이 타인을 능가한다 그러나 양친은 인연이 적으며 초년은 신고가 많다 주변부에는 좋은 우이 오느도다 남의 도움이 없으니 이것이 비우이로다 二十一세 三十三세가 우이 좋은 해로다

5.11.17.23.29.日生   4.10.16.22.28日生   3.9.15.21.27日生

● 매월 三일, 九일, 十五일, 二十一일, 二十七일에 난 사람은 가족이 화합하며 며느길하나 그러나 부부 이별수가 있다 초년에는 신고하고 말년이 되면 운이 열리도다 특히 四十五세와 四十三세가 일생중 운이 제일 좋은 때로다

● 매월 四일, 十일, 十六일, 二十二일, 二十八일에 난 사람은 학문을 즐겨 닦고저 하나 깨달음이 두하여 대학자는 되지 못하며 소재수가 있어 기술을 배워 전공하면 크게 성공하리라 운수는 그다지 불길하지는 않다 二十八세부터 운이 열리도다

● 매월 五일, 十一일, 十七일, 二十九일에 난 사람은 지식이 넉넉하며 결단성이 있어 학자이든지 실업가이

子時生   6.12.18.24.30日生

던지 모두 성공하리라 이연이 적으며 의식주에는 궁색
이 적다 二十四세와 二十五세에 의외에 득죄하여 관직을
하며 남녀간 경사를 본다

◉매월 七일, 十三일, 十八일, 二十四일에 남사람은, 지
혜와 기력이 있다 학문을 힘쓰면 학자가 되며 만사에
유망하다 성질이 강하고 정직하며 활발하여 살물에
밝으며 운수도 길하다 평생 신고는 없도다 특히 二十八
세 이후가 더욱 운이 좋을 것이다

◉자시에 난 사람은 마음이 일정치 못하여 마음대로
하기를 좋아하고 고향을 이별한다 十六세, 十八세 둥
세에는 실패수와 신병액이 있으니 조심하라 여자는

丑時生

화류생활을 면하기 어려우나 불전에 치성하고 선심으로 적덕하라 자시(子時) 초에 난사람은 부선망(父先亡)하고 자시말(子時末)에 난사람은 모선망(母先亡)하리라

◉ 축시에 난사람은 부모는 인연이 적으나 매사에 주의하여야한다 지혜가 있으니 무학을 하면 출세하기 쉬우리라 축시중(丑時中) 오전 二시에 난사람은 부선망하고 축시말에 난사람은 모선망 할것이다 철성전에 치성을 많이하라 남자는 단명하고 여자는 장수가 깊고 운수도 좋아 대소사간에 성취를 한다 十九세, 二十一세, 四十七세를 넘어야 되며 크액이 있으니 주의하라

寅時生

● 인시에 난 사람은 육친의 덕이 박하고 성질이 강하며 급하다 초년은 신고가 많으나 중년부터는 점점 성하다 二十三세, 二十九세, 三十三세, 三十九세, 四十九세는 조심하라 실패수와 신병수가 있다 인시초에 난 사람은 부선망하고 인시말에 난 사람은 모선망 할것이다 불전에 지극히 빌고 선심적덕하라 출가하여 중이 되면 더욱 좋으리라

卯時生

● 묘시에 난 사람은 부모자식간에 정이 모자라 들어져 살것이오 특히 여인교제가 능하여 신용을 얻기 어렵다 중년까지는 일이 뜻대로 되지 않으나 말년에는 안락하리라

巳時生　　　　　　　辰時生

대길하리라 구주세 두세는 그게 해가 왔을것
이니 조심하라 묘시에 난사람은 모선망할것이오 묘시
말에 난사람은 부선망할것이다 부처간에 청성기도하라
● 진시에 난사람은 성질이 굳세여 남의 말을 잘듣지
않으며 처자는 화목하지 못하여 헤여지기 쉽다 그러나
경영하는 일은 잘 성취한다 두세이후는 주의하지
않으면 실패수가 많다 구칠, 二十四, 三十九세는 액년
이로다 진시초에 난사람은 부선망할것이며 진시중에
난사람은 모선망할것이다 불연에 성심으로 공양을 닦으리라
● 사시에 난사람은 재주가 있어 만사여의하고 운수도
좋으며 의식주에 걱정이 없다 만인이 중히 여기며

재산도 윤영하며 형제간에는 정이 박하다 三十一, 三十五 파七세에는 액년이라 사시초에 난 사람은 모선망할 것이오 사시중에 난 사람은 부선망할 것이다 늘전에 성실봉공하라

● 오시에 난 사람은 화려함을 측하며 의협심이 많아 남의 일에도 심려를 한다 색정만 참이면 실패는 없으나 가업을 자주자주 변혁하기를 좋아한다 三十세 이후에는 길하다 二十三, 二十四, 四十四세에는 액년이니 주의하라 오시중에 난 사람은 부선망할것이오 오시말에 난 사람은 모선망할것이다 부처님을 조성하고 불경을 많이 출간하여 남에게 권하면 대길하리라

申時生

● 미시에 난 사람은 부부의 정이 박하고 편친(片親)을 일직 이별하여 신고가 많다 중년까지는 근심이 많으나 三六세부터 의식걱정이 없고 안락하며 만사여의 하리라 추세 전후에는 크게 부호가 될것이오 十五.十 五.四十七세가 액년이로다 미시중에 난 사람은 부선망 하며 미시말에 난 사람은 모선망할것이다 항상 적선을 많이하고 불전에 향초시주를 많이하면 길하리라

未時生

● 신시에 난 사람은 부모의 정이 없고 의식주가 곤란치 않으나 재주가 있다 남자는 높은 벼슬자리에 오를것이요 여자는 시집을 두번갈 것이로다 소년시에는 고통이 심하다 중년을 지나면 대길하리라 十三.二十三.

酉時生

●유시에 난 사람은, 초 중년에는 영의치 못하나 따써를 지나면 차차 좋으리라 사치하는 마음을 버려야 평안할것이며 몸에 흉이 있어야 모든 액운을 면하리라 二十三, 二十八, 二十九세에는 재앙이 있다 유시중에 난 사람은 유시말에 난 사람은, 따써는 액년이로다 신시에 난 사람은, 부선망할 것이오 신시말에 난 사람은, 모선망할 것이다 항상 남에게 적선을 많이 하여야 복을 지키고 살것이다

戌時生

●술시에 난 사람은, 다소 박정함을 면하지 못하리라 성하여야 좋으리라 망할것이다 방탕한 마음을 버리고 불전에 자주 사람은 부선망 할것이요 유시중에 난 사람은 모선

亥時生

금전에는 곤란이 없으며 성패는 자주 있는 사람이다 초,중년에는 비교적 안락하나 두三세부터 신고하기 쉽다 四十五, 四十八, 五十七세가 액년이로다 술시초에 난 사람은 부선망 할것이며 술시중에 난 사람은 모선 망할것이다 머리를 깍고 입산수도 하면 대길하리라

◉ 해시에 난 사람은 대개 정직하며 자선심이 많은 사람이다 의식은 걱정이 없고 재산이 유여하나 몸이 적적 하므로 고통이 많다 二十四세, 三十二세 시에 주의하라 액이 많을것이니라 해시초에 난 사람은 부선망하고 해시말 에 난 사람은 모선망 하리라 지극한 마음으로 불전에 공을 많이 드려야 업신양명하고 의식이 좋을것이니라

啄滅三災  삼재가 소멸됨	백사대길부 
官災不入符  관재구설드러오지못함	옥추부 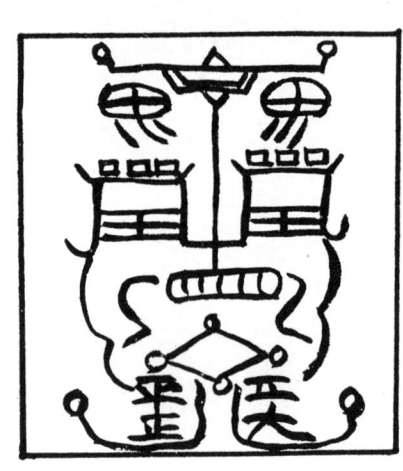
木神符  새로나무을달았을때	鬼神不侵 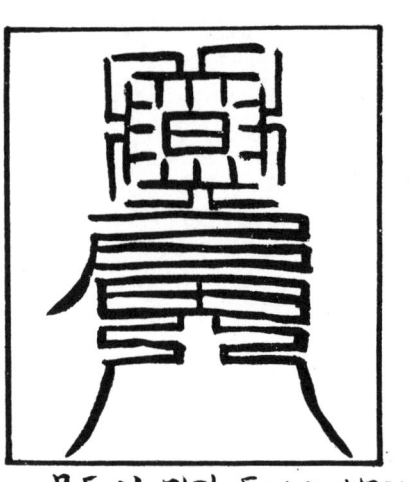 모든악귀가들어오지못함

● [일쩡이] 동남목신과 객사귀신탈이니 두통하열이요 음식이 맛이 없다 구병시식하면 직차 부작을 그려서 한장은 태워먹고 한장은 문위에 붙여라

● [일쩡이] 동남친척 노귀(老鬼)의 탈이니 두통구토하고 한열무기라 구병시식하면 직차 부작을 그려 한장은 태워먹고 한장은 문위에 부쳐라

● [일쩡이] 정북쪽 원한귀신의 탈이니 두통한열 번조하고 음식구진이라 구병시식하면 직차 부작한 장을 태워먹어라

● [일쩡이] 동북쪽 객귀가 접탈이니 두통구도하고 몸이 무겁고 어지럽다 구병시식하면, 직차 부작을 그려서 한장은 태워먹고 한장은 문위에 부쳐라

● [일쩡이] 동북쪽에서 얻은 뻥이니 서루귀 접탈이니 구도하고 한열이로다 구병시식하면, 직차 부작하장은 태워먹고 한장은 차고 옹이면 길하다

◎ 七日병은) 정북쪽 목신황두귀신이 무겁고 몸져신이 아프다 구병시식하면 직차 부작 한장을 무우에 부치면 길하다

◎ 七日병은) 동남 토지신 노귀의 탈이니 한열구토하고 사지가 무겁고 구병시식하면 부작을 그려서 태위먹으면 길하다

◎ 八日병은) 동북토지신의 접탈이니 허리와 무릎이 아프다 쓰시고 열이나며 구미가 없다 구명시식하면 직차 부작을 그려서 한장을 태워먹으면 길하다

◎ 九日병은) 정부쪽 치척 여자귀신의 접탈이니 구토가고 기운이 없으며 입신이 길안하다 구명시식하면 부작을 그려 한장을 태워먹고 한장은 문우에 부쳐라

◎ 十日병은) 정동방 귀신의 탈이니 한열두통과 사지가 쑤시고 아파서 입맛이 없다 구명시식하면 부작을 그려 한장을 태워먹으면 길하다

◎十一일병이〉 정국쪽에 원구의 탈이니 물을 많이 찾고 음식을 토하고 입맛이 없다 구병시시하면 직차 부작을 그려 문외에 부쳐라

◎十二일병이〉 동구 토지신의 탈이니 구토가 나고 입이 달고 사지가 차다 구병시시하면 직차 부작 한장 만방위에 부치면 길하다

◎十三일병이〉 동구쪽 소녀귀신의 탈이니 음식 맛이 없고 한기가 나며 곽산이 나다 구병시시하면 직차 한장이

◎十四일병이〉 정동쪽 접귀신 탈이니 곽산이 나고 수족이 차며 음식맛이 없다 구병시시하면 직차 한장은 태워먹고 한장은 문외에 부쳐라

◎十五일병이〉 정남쪽 수화신의 탈이니 하열 구토가 나고 음식을 먹지 못한다 구병시시하라 부작한 장은 태워먹고 한장은 문외에 부쳐라

● 十六日병은 남서쪽 가신(家神)의 탈이니 두통이 나고 사지가 무거우며 한열이 왕래한다 구병식식하라 부작하장을 태워먹고 한장은 차면 길하다

● 十七日병은 정서쪽 소년주인 귀신의 탈이니 두통이 나고 사지가 무겁고 한열이 심하다 구병식식하면 직차부작하장을 태워먹고 한장은 차면 길하다

● 十八日병은 서남쪽 식물의 탈이니 음식맛이 없고 한열이 왕래하며 괴산이 난다 구병식식하라 부작하장은 태워먹고 한장은 머리에 지니면 길하다

● 十九日병은 정부쪽 여귀의 탈이니 외는 뜨겁고 아래는 차다 구토도 한다 구병식식하라 부작하장은 태워먹고 한장은 머리에 지니면 길하다

● 二十日병은 동북쪽 토지신의 탈이니 구토한열에 앓으나 누우나 편하지 않다 구병식식하라 구토 부작하장은 태워먹고 한장은 몸위에 부치면 길하다

◉ 二十一일병이 동부쪽 친척소년의 키탈이니 배가 아프고 우글거리며 곽산이 나고 음식맛이 없다 구병시식하라 부작한장을 태워먹으면 길하리라

◉ 二十二일병이 정동쪽 우물에서 죽은 키신의 탈이니 곽산이 나고 입이 타며 수족이 차고 음식맛이 없다 부작한장은 차고 한장은 문위에 부치면 길하라

◉ 二十三일병이 정남쪽 산신(産神) 객사키의 탈이니 곽산이 나고 곽통이 나며 잠을 자지 못하다 구병시식 하라 부작한장은 태워먹고 한장은 차고 한장은 문위에 부치면 길하다

◉ 二十四일병이 서남쪽 여자키신의 탈이니 사지가 무겁고 한열이 심하다 구병시식하라 부작한장은 태워 서먹고 한장은 차면 길하다

◉ 二十五일병이 전서쪽 군신 노귀의 탈이니 일신이 혼곤하고 먹고싶은 생각이 없었다 구병시식하라 부작 한장만 무위에 부치면 길하다

● ᄌ일병은 서북에서 얻고 북방대신 귀의 탈이니 두통현기증이 나며 꼼짝하기 싫은 증세라 구병시시하라 부장한장만 부치면 길하리라

● ᄉ일병은 정동에서 얻었으며 동방신 소녀귀신의 탈이니 두통과 산과 한열이 나며 구병시시하라 부작한장만 무위에 부치면 길하다

● ᄉ일병은 정북에 얻었으니 금시 소녀귀의 탈이니 두통열이나고 음식이 맛이 없다 구병시시하라 부작한장은 태워먹고 한장은 길하도

● 구일병은 동남쪽에서 얻었으니 토가귀의 탈이니 두통열이나고 음식이 맛이없다 구병시시하라 부작한장은 평상우에 부치면 길하

● ᄌ일병은, 동북쪽 산신남자 귀신의 탈이니 두통복통이 나며 토사하고 심울하여 음식맛이 없다 구병시시하라 부작 한장만 차면 길하다

◉ 이 부작 두장도 병자에 채우면 길하다

◉ 자생(子生)이 오경일(午庚日)에 병이나면 흉하다
추생(丑生)이 추우일(丑酉日)에 병이나면 흉하다
인생(寅生)이 인진신(寅辰申日)에 병이나면 흉하다
묘생(卯生)이 신해일(申亥日)에 병이나면 흉하다

진생(辰生)이 오병일(午丙日)에 병이나면 흉하다
사생(巳生)이 해자일(亥子日)에 병이나면 흉하다
오생(午生)이 술이진(戌寅辰日)에 병이나면 흉하다
미생(未生)이 신진미(申辰未日)에 병이나면 흉하다
신생(申生)이 술인묘(戌寅卯日)에 병이나면 흉하다
유생(酉生)이 묘정이진미(卯丁寅辰未日)에 병이나면 흉하다
술생(戌生)이 인진임(寅辰午日)에 병이나면 흉하다
해생(亥生)이 사묘기(巳卯巳日)에 병이나면 흉하다

※ 初喪方位法 (초상방의법)

子生東方凶(자생동방흉) 丑生戌方凶(축생술방흉)
寅生申方凶(인생신방흉) 卯生午方凶(묘생오방흉)

辰生戌方凶(진생술방흉)
午生子方凶(오생자방흉)
申生寅方凶(신생인방흉)
戌生未方凶(술생미방흉)
● 子方은 正北(자방은 정북)
은 동북간방) 卯方은 正東方(묘방은 정동방) 辰巳方
은 東南艮方(진사방은 동남간방) 午方은 正南方(오방은 정

巳生亥方凶(사생해방흉)
未生丑方凶(미생축방흉)
酉生卯方凶(유생묘방흉)
亥生巳方凶(해생사방흉)
丑寅方은 東北艮方(축인방

남방) 未申方은 西南艮方(미신방은 서
남방간) 酉方은 正西方(유방은 정
서방) 戌亥方은 西北艮方(술해
방은 서북간방)

◉ 入棺法 (입관법)

申乙丙丁日은) 戌巳時가 大吉

壬癸日은) 酉時가 大吉 (임계일은 유시가 대길)

庚辛日은) 亥時가 大吉 (경신일은 해시가 대길)

戊己日은) 寅申時가 大吉 (무기일은 인신시가 대길)

※ 命終不見法 (명을 마칠때 보지 않은 사람)

子日巳亥生 (자일사해생) 丑日巳午未生 (축일사오미생)

寅日巳酉生 (인일사유생) 卯日巳酉生 (묘일사유생)

辰日巳亥子生 (진일사해자생) 巳日亥巳申生 (사일해사신생)

午日巳寅午生 (오일사인오생) 未日巳未生 (미일사미생)

申日巳申生 (신일사신생)　酉日巳未生 (유일사미생)
戌日巳寅生 (술일사이생)　亥日巳未生 (해일사미생)

◉ 命終人六道還生法 (명종인육도환생법)

子丑日 命終者 天道去 (자축일에 죽으면 천도에 나고)

午未日 命終者 佛道去 (오미일에 죽으면 불도에 나고)

寅申日 命終者 人道去 (인신일에 죽으면 인도에 나고)

卯酉日 命終者 鬼道去 (묘유일에 죽으면 귀도에 나고)

辰戌日 命終者 畜道去 (진술일에 죽으면 축도에 나고)

巳亥日 命終者 地獄去 (사해일에 죽으면 지옥에 나고)

불설 삼재경

남무천관 조신 남무지관 조신
남무수관 조신 남무화간 조신
남무풍관 조신 남무시간 조신
남무일간 조신 남무월간 조신
남무년관 조신 남무일체 조신

옴 삼재 소멸 진언

옴 급급 사바하 (세번)

삼재풀이 축원

앙원 일체조관신 묘력 모도 모군 모면 모생
모인 삼재 영위소멸 금일 지극 지성 사대강근

육근청정 수명장수 만복구족 여의원만 성취 지원(세번)

삼재풀이 하는 법

※ 식상에 밥세그릇 백미일두 삼색과일 술석잔 삼재든이 웃옷한가지 금강탑다라니세장 돈다라니 삼만관 (종이로 만드는것 세장) 천수다라니세장 삼재부작세장 차려놓고 삼재경 칠편 읽은 후 다라니와 웃옷 부작 한장은 불살으고 축원을 세번 한다 그리고 부작 한장은 삼재든이가 몸에 지니고 한장은 삼재든이 거설 문위에 부치다

佛敎秘傳 전 생 록	
初　版　發　行 ●	1977年　 6月 30日
2 版　1 刷　發　行 ●	1991年　12月 10日
2 版 1 3 刷　發　行 ●	2020年　11月 16日

編　　者 ● 無 影 居 士
發 行 者 ● 金 東 求
發 行 處 ● 明 文 堂 (1923. 10. 1 창립)
　　　　　서울특별시 종로구 안국동 17~8
　　　　　우체국　010579-01-000682
　　　　　전화　(영) 733-3039, 734-4798
　　　　　　　　(편) 733-4748
　　　　　FAX　734-9209
　　　　　Homepage　www.myungmundang.net
　　　　　E-mail　　mmdbook1@hanmail.net
　　　　　등록　1977. 11. 19. 제1~148호

● 낙장 및 파본은 교환해 드립니다.
● 불허복제

정가 20,000원
ISBN 89-7270-355-9 13180